自治体職員
仕事の作法

新人職員が身につけたい
25の技術

自治体人材育成研究会

公人の友社

はじめに

この本は、自治体職員が楽しく活き活きと働くためのヒント集です。実際の仕事の中で起きる様々な場面を事例として、その際にどのように考え、行動していけば良いかということについてまとめています。

最近は、自治体の職場も非常に厳しい環境にあります。多くの人々が職場の人間関係や住民対応などで悩んでいるのを目の当たりにしています。20年前ほど前は病気による休職者というのは、それほど多くなかったと思うのですが、今は非常に増えています。この背景には、財政状況の悪化や行財政改革が進んだことにより、これまで以上に職員一人一人の負担が増えたということがあろうかと思います。また、最近のモンスターペアレントに代表される、住民からの過大な要求など、公務員のストレスは確実に以前より増大しています。

しかし、このような状況の中でも、仕事をてきぱきとこなし、残業もほとんどせずに毎日を過ごしている「できる公務員」とでも言うべき人達がいます。膨大な仕事を抱えながらも要領よく事務をこなし、住民や議員からの厳しい追及にもそつなく対応、終業時刻になると「じゃ、お先に」と退庁していく。そんな「できる公務員」がいることもまた事実なのです。

自治体職員の皆さんにとって、この本が少しでもお役に立てれば幸いです。

平成23年2月10日

自治体人材育成研究会

目次

1　仕事の基本マナー

1 「おはようございます」が言えてますか？

設例

新人職員として役所で働き始めて数ケ月が経ったある日、私はあることに気づきました。何人かのベテラン職員は、朝出勤してきても挨拶をしないで、黙って席に座るのです。

こちらから「おはようございます」と言うと、返事もなくただうなずくだけなんです。そんな様子なので、同じ職場の同期も最近では挨拶をしなくなってきたのです。

職場に慣れてくると、挨拶はしなくなるものなのでしょうか。

あなたなら、どう考えますか？

① 役人は仕事第一のプロ集団だから、挨拶は省略しても構わない。

② 挨拶は後輩が先輩に向かってするもので、先輩からはしないのが普通である。

③ 挨拶は社会人として最低限のマナーであり、挨拶しない先輩が間違っている。

解答

解説　挨拶のできない職員は市民から信用されない

「朝、先生やお友達に会ったら、おはようございます。帰りには、さようなら、って言うんですよ」なんて、小学生時代から何度となく教えられてきたこの言葉。しかし、実際には社会人になってもできない人は多いんですよね。

よく4月になると新入社員が一同になって、「いらっしゃいませ」、「ありがとうございました」などと声を揃えて、研修担当者が「お辞儀の仕方が甘い！」などと言うシーンがテレビで流れます。

民間企業では、やはり挨拶の仕方は最初に徹底的に教えられるんですね。営利企業ですから、挨拶もろくにできない社員は顧客からも信用されず、ひいては企業の存亡に大きく関係するからです。

これは、単に顧客に対してだけではありません。社内の人間に対してもです。

先日ある会合で、専門学校の理事が「入学したての学生には、徹底的に挨拶を教える。最初はなかなかできないが、だんだん自分でも声を出すようになって、最後にはきちんと自分と挨拶ができるようになります。そうした学生は、不況下でも必ず就職できますね」と言っていました。

企業はやはり人を見るんです。

しかし、設問にあるように、役所にはいるんですね、挨拶しない人が…。特にベテラン職員と呼ばれる人に。なぜ、挨拶をしないか、ということを少し考察してみると、「挨拶するのが格好悪い」、「先輩である自分が挨拶するのでなく、後輩から声を掛けてくるのが当然だ」、「いちいち挨拶なんて面倒！」なんてところでしょうか。

しかし、これはやはり社会人として欠落していると言わざるを得ません。我々はもう既に学生ではなく、お金をもらって仕事をしているプロ集団なのです。たとえ昨日入庁した新人職員であっても、職歴何十年のベテランであっても、金銭を得ている限りは、何かしらの成果を残さなくてはいけない仕事師集団なのです。プロの集まりなのですから、そこには自然と集団としての規範、ルールが存在します。挨拶は組織として働く者の基本中の基本です。

では、挨拶の効用とは何でしょうか。

第1に、挨拶することによって、仕事モードに入ることをお互い認識

するということです。

人は家に帰ると、仕事から解放されて溜まったストレスを解消します。多かれ少なかれ、お休みモードになるわけです。しかし、再び朝を迎え仕事に行くと、仕事モードに切り替える必要があります。挨拶をすることによって切り替えのスイッチが入るのです。声を出すことによって、体から入っていくことになります。

第2に、お互いが仕事のチームであることを確認するということです。

同じ職場のメンバーが互いに挨拶をし合うことで、互いがチームであることを確認するという効果があります。個人対個人ということでなく、複数の人が挨拶し合うことにより、一体感が醸成されます。そして、仕事を一緒にするチームとしてのまとまりを感じることができます。

朝、職場に来て「おはようございます」と新人職員が挨拶をすれば、普通は多くの人が挨拶を返してくれるものです。例えば、前日多少言い合って気まずく別れたとしても、挨拶することによってリセットすることができます。

第3に、挨拶により、より開かれた人間関係を構築できる下地を作ることができます。

上司や部下はもちろんのこと、庁内に入っている売店の方や清掃業者の方など、多くの人がいます。また、朝一番の窓口には住民の方が仕事前に訪れているかもしれません。よく知らない人であっても、こちらから挨拶してしまうことによって、その人に敵対しているわけではありませんよ、コミュニケーションを取りましょう、という意思表示になります。お互い、何も喋らずにムスッとしているよりは、挨拶を交わす方が精神衛生上も良いと思います。

例えは悪いかもしれませんが、動物がお互いを牽制しあって緊張関係になるという光景はあります。また、不良が目が合っただけで、「ガンを飛ばした！」などと言い掛かりをつけて喧嘩を始めたりします。しかし、私たちは大人としてより良いコミュニケーションを構築したいものです。

正解③

2 上手に電話の応対ができますか？

設例

私の職場は、住民からの問い合わせが多く、電話も非常に多いのです。周りの先輩達も忙しく、時には誰も電話に出られないなんてことも、たまにあります。

また、他の職場からの問い合わせも多く、担当者が不在のため後で折り返しなんてこともあります。

学生時代には経験したことがなかったのですが、どのように電話応対していったら良いか考えてしまいます。

あなたなら、どうしますか？

①　電話の掛け方、応対、不在時の対応などをパターン化する。

②　住民からの苦情の電話については、時間を気にせず出来る限り聞く。

③　担当者が不在の時には、確実に相手に用件を伝えるため、必ず口頭で伝える。

解答

解説　電話対応にはルールがある

「これまで電話を使ったことがない」などという人は皆無でしょうが、仕事での電話はこれまでの友達同士の電話とは異なり、一定のルールがあります。仕事上の電話なのですから、単なるおしゃべりとは違うということは皆さんにも想像できると思います。

では、プライベートと仕事の電話は何が違うのでしょうか。

簡単に言ってしまうと、プライベートは仲良くなること、お互いの気持ちが通じることが重要なのですが、仕事は相手の疑問なり、用件に対して的確に答えること、または的確に質問すること、用件を伝えることが大事です。

相手が住民でも他の職場の人間であっても、その人間と仲良くなることが目的ではありません（役所の内線で、飲み会に誘うということもありますが…）。

しかも、短い時間でできるだけ的確であることが求められますが、役人であれば、時には住民から長い時間、電話で苦情を言われることもあるでしょうが、それであってもやはり短い時間で済ませることが求められます。

では、具体的に電話でのマナーを考えてみましょう。

第1に、電話の受け方です。

相手を待たせないためにも、早めに取ります。

第一声は「**○○課、△△です**」というように職場と名前を言うのが一般的ですが、職場によって異なる場合もありますので、周囲に確認してみましょう。自宅の電話ではないのですから、「はい・・・」と言ったまま無言でいることがないようにしましょう。

電話に出るタイミングとして、3コール以内としているところもありますが、もし待たせてしまったら、「**お待たせしました**。**○○課、△△です**」と一言加えましょう。

住民から見ればこの一言があるかないかで、随分役所に対する印象は異なるはずです。特に、苦情を言いたがっている住民に対し、「はい・・・」だけだったら、火に油を注ぐことになりかねません。

なお、必ず机の上にはメモ用紙を用意しておき、すぐメモできるようにしておきます。

相手の氏名、連絡先、用件等を確実に聞き出してメモします。

なお、電話では

「**いつもお世話になっております**」「**申し訳ございません**」

「**少々お待ちください**」「**かしこまりました**」

などは決まり文句ですので、すぐに言えるようにしておきましょう。

第2に、電話の掛け方です。

電話を掛ける場合も、パターン化しておきましょう。事前に相手の氏名、用件は当然のことですが、不在時にはどうするのかも明確にしておきます。そして、電話を掛けた時は「**○○市△△課の□□です**」とはっきり名乗り、用件を確実に伝えます。

なお、よくかける相手先は短縮登録をすることもあります。また、電話の機能として、着信拒否や転送機能などもありますので、電話の機能についても確認しておきましょう。

第3に、電話を受けたものの、相手の指名する者が不在の場合です。

こうした電話を受けた場合は、確実に相手の用件を聞き取り、担当者に伝えることが重要となります。まずは、

「**申し訳ございません。○○はただ今席を外しております**」または「**○○はただ今外出中で、午後3時ごろに戻る予定です**」などと伝えます。

その後、相手の用件を聞きます。担当者から連絡を入れさせるのか、単に用件を伝えれば良いのか、などあります。

「**電話があったことだけお伝えください**」ということもありますが、これもおろそかに扱ってはいけません。例えば、議員から課長宛の電話の場合、「**課長から電話してこいよ**」なんて意味が含まれている場合もありますので、確実に課長に伝えます。

なお、不在の相手に対しては基本的にはメモにして、担当者の机の上に目立つように置きます。風などで飛ばないように、テープで貼っておきます。記載内容も定型化しておきます。相手の氏名、連絡先、電話を受けた時刻、用件、自分の名前などです。市販されたメモもありますが、職場で独自に作成していたりする場合もありますので、活用しましょう。

正解①

3　上司に呼ばれた時はまず何をしますか？

設例

先日、課長が私の隣に座っている先輩を呼んだんです。「おーい、○○君、ちょっと来てくれ」と軽い感じで。先輩も「はい、なんですか」とそのまま何も持たずに、課長のところへ行ったんです。そしたら、突然、課長が「おい、上司に呼ばれた時に、何も持たずに来るとは何事だ！」とすごい剣幕なんです。びっくりしてしまいました。それ以来、課長から呼ばれたら、どうしようって、ビクビクしています。どうすれば良いのでしょうか。

あなたなら、どうしますか？

①職員を呼び出す時に、課長は何も指示をしなかったのだから、課長が怒ることが間違っている。

②上司に呼ばれた時は、何か用件があるはずだから、必ずメモとペンを持っていく。

③上司に呼ばれたら、たとえ接客中でもすぐに行く。

解答

解説　上司に呼ばれたらメモとペンを持って行く

役所は、住民福祉の向上を目的とした組織です。その目的を達成するためには、各個人がその目的を十分に認識し、機能的に活動することが大事になります。上司は職員に的確に指示をしなければなりませんが、部下も上司の指示を確実に理解して、行動する必要があります。

ですから、「お～い、○○君、ちょっと」と上司に呼ばれたら、手ぶらでいくのでなく、上司の指示を書き取るためのメモとペンを持って行きましょう。

上司は通常、部下に何かを指示するものですから、手ぶらで「何ですか？」と行くのは仕事人の姿勢としては疑問です。別に遊んでいるわけではないのですから、上司の指示に対応できるように準備をしましょう。

上司の視点から言えば、「お～い、○○君、ちょっと」と呼んだ時に、きちんとメモとペンを持っていると「彼（女）は、ちゃんとわかっているな」と思うものです（別に、「できるな！」とは思いません。社会人としては当たり前のことですから……）。

次に、**上司から指示があったら、その内容をきちんと確認すること。**

まずは、上司の説明をよく聞き、疑問があればその内容を確認します。場合によっては、「もう一度内容を確認しますと、……」と言って復唱することも必要かもしれません。よく、上司の説明の最中に、口を挟んでくる人がいますが、まずは上司の説明をよく聞くことが重要です。

また、**上司の指示を聞く際には、いわゆる5W1Hに着目して聞くと、指示の内容が明確になります。**

「なぜ、いつ、どこで、誰が、何を、どうやって」に注意して上司の指示を確認するのです。場合によっては、上司本人が曖昧な指示をする可能性があります。「時間のある時でいいから、やっておいて」、「来週の真ん中ぐらいまでに頼むよ」などと指示することがありますから、注意が必要です。

指示を受けた職員の方が、逆に5W1Hにこだわった質問をすることで、上司本人に指示内容を明確にさせるということにつながりますから、5W1Hは重要なポイントだと思います。

また、新人職員に覚えてほしいことの1つに「**同じことを聞くのは2回まで**」という格言があります。これは、私が直接先輩から教えられたことですが、その先輩曰く、「後輩から聞かれて2回までは、教える。しかし、3回同じことを聞くというのは、明らかに後輩のミスだ。人に2回同じことを聞いたら、恥ずかしいと思って、何かにメモするなりしておくべきだ。だから、後輩に同じことを聞かれて答えるのは2回までだ」ということでした。これは、確かにそのとおりだと思います。

職場は仲良しクラブではないのですから、その職員に与えられた職責をきちんとこなすことが求められます。それなりの緊張感、緊迫感を持って仕事に臨むことが求められます。

新人職員はわからないことだらけですから、職場の先輩に積極的に聞いていくことが必要なのは言うまでもありません。かつては先輩も新人職員だったのですから、ある程度親切に教えてくれるでしょう。しかし、いつまで経っても仕事を覚えず、同じことを繰り返し聞いていたら、先輩も「いつになったら、こいつは仕事を覚えるんだ！」と頭にくることでしょう。新人職員には、わからないことは積極的に聞くという姿勢と、先輩に教えていただくんだという謙虚さ、そして忘れないように記録するというマメさは必要だと思います。

最後に、よく言われることですが、「報・連・相（ホウレンソウ）」ということにも注意が必要です。これは、報告、連絡、相談のそれぞれの一文字目を並べたもので、組織の中で必要な情報がきちんと流れるようにしようとするものです。新人職員は、必ず覚えておく必要があります。

「いちいち、上司に報告や連絡をするのは、面倒くさい！」という声も聞こえてきそうですが、必ずしもそうとも言えません。部下からすると、自分の状況（仕事の進捗状況や抱えている問題など）を上司に伝えることにより、何か良いヒントをもらえるかもしれません。上司は、部下よりも多くの情報を持っていますし、経験豊富なのですから。また、たとえ解決に至らなくても、自分の状況を伝えておくことにより、自分１人で仕事を抱え込まなくて済みますから、精神的にはずっと楽になるはずです。

役所の仕事もチームで成し遂げるものです。自分だけで仕事を抱え込まず、日頃から周囲の人とコミュニケーションをしっかりとっておくことが重要です。

正解②

2　仕事・情報のうまい管理術

4　机の上を整理するわけは？

設例

役所に入ってから、まだ数ヶ月なんですが、困っていることがあるんです。私は整理整頓が苦手で、どうしても机の上が書類でいっぱいになってしまうんです。係長から、急に「おい、○○の資料を見せてくれ」と言われると、いつもすぐに探し出すことができないんです。こっちを探し、あっちを探し、と係長も最近は呆れ顔です。

自宅の机の上もごちゃごちゃしているんですが、私にはこれはこれで楽なんですが、整理しなければならないんでしょうか。

あなたなら、どうしますか？

① 組織人として、整理整頓は最低限のマナーである。
② 仕事をきちんと仕上げるためには、自分のやりやすさが第一で整理は二の次である。
③ 整理整頓ができなくても、上司から指示されたらすぐに取り出せれば良い。

解答

解説　いつでも正確な判断ができるように

皆さんの周囲を見渡しても、机の上が書類で山積みになっている人がいるのではないでしょうか。傍から見ると、「すごいなあ、たくさんの仕事を抱えて大変なんだろうなあ」と感じるかもしれませんが、果たしてそんなに多くの資料を抱えておく必要があるのでしょうか。また、そんな膨大な資料を有効に活用できるのでしょうか。

結論から言うならば、やはりいつでも正確な判断ができるよう、なるべく机の上も書棚も身軽にしておくことが必要だと思います。いくつもの資料を抱えて必要な場所をどうにか探しだし、それからあれこれ判断に迷うよりも、机の上も書棚もいつも整理しておき、いつでもクリアに判断できるようにしていることが望ましいと思います。

では、どのようにしたら整理整頓ができるのでしょうか。

第1に、自分で抱える資料は最低限にする、という姿勢を徹底することです。

例えば、課なり部なりで同じ資料があるならば、自分で資料を抱えておく必要はないはずです。他に書類の場所が確認できるならば、自分の資料はどんどん捨ててしまいましょう。必要な書類の存在そのものを忘れてしまうことはないと思いますが、それが心配な場合は資料の件名だけをどこかにメモしておけば済みます。

ちなみに私は無料のパソコンソフトである付箋を活用し、必要があればパソコンのデスクトップ（画面）の上にいろいろと付箋を作り、貼り付けています。手で書く必要もありませんし、パソコンを起動しないという日はありませんから、否が応でも目に焼きつきます。ただし、無料のソフトのインストールにあたっては庁内で制限があることもありますので、確認が必要です。

また、大事な書類かもしれないけど資料として抱えておく必要まではどうか、というような内容のものについては、スキャナーで書類を読みこみ、ファイルにしてパソコンに保存しておきます。そうすれば、書類を抱える必要はなく、また必要箇所を捜すのも楽になります。

第2に、自分の机の上には最低限必要なもの以外は何も置かない、ということを徹底することです。

私の机の上は、電話、パソコン、ペンケース、そしてコーヒーカップしか基本的にありません。パソコンも退庁時にはしまってしまいますから、さらにスペースは広がります。

もちろん、いろいろと書類を並べて仕事もしますが、作業が終わればすべてしまってしまい、日中はパソコンと対峙しているだけです。また、机の上にはマットがありその下には、自分の名刺、庁内と課内の電話番号簿、そして最低限仕事に必要なペーパーがあるだけで、非常にすっきりしています。

こうした何もない状態であれば、緊急に用事が入ってきた場合でも、それらの資料を並べて大局的に判断することができます。何も抱えているものがない状態であれば、そうした緊急事態にも柔軟に対応ができるのです。このこともいつでも自分を身軽にしておくということにつながります。

かつて、突然、人事課長に「明日から異動だ」と言われたことがありました。不祥事をおこしたわけでもなかったのですが、前任者の病気による急な人事異動がありました。幸か不幸か、こんな事態にも対応できてしまい（?）、翌日の朝には新しい職場にいました……。まあ、これは良い例ではないかもしれません。

第3に、自分の活動にムリ・ムダ・ムラを生じないよう、きちんとスケジュール管理をきちんとしておくことです。

これは、仕事に限らずプライベートを充実させる意味からも必要だと思います。自分自身の行動（仕事）が効率的になるよう、自分のスケジュールは正確に判断しておく必要があります。

ちなみに私の場合、手帳と併せ、日々のスケジュール管理についてもパソコンソフト（これも無料です）を活用しています。すべての予定を入力しておけば、必要があればすぐに確認できますし、何を優先的に処理しなければならないかも一目瞭然となります。

自分を身軽にしておくこと、また、必要な時にいかに早く書類を見つけだせるか、がポイントになるかと思います。

正解①

5 書類の整理方法、5つのポイントとは？

設例

私の職場では、定例的な会議がいくつかあります。係長会報告、週に1回の係内打合せ、プロジェクトチームの会議など、いろいろです。係内でも複数の職員に同じ資料が配付され、みんなが同じようにファイルをしています。そのため、係員はみな同じような資料を持っていて、机のキャビネも同じようなファイルであふれています。また、職員によっては捨てることができないで、机の上も中も資料でいっぱいの人もいます。書類の整理が必要と思うのですが……

あなたなら、どうしますか？

①資料は急に必要な時があるので、捨てる際には十分に検討する。

②同じ書類を複数の職員が持っていると、場所も取るために、係・課全体で共通の資料は共有化を検討する。

③資料は使用頻度に関係なく、わかりやすいように50音順に整理する。

解答

解説　分類、捨てる、整頓、収納、配慮

具体的な書類の整理方法について、考えてみたいと思います。もちろん、整理方法は1つだけでなく、仕事の内容や職場によって異なってきますので、あくまで1つの例ということでご紹介します。書類の整理には、5つのポイントがあると思います。

第1に、分類する　通常、仕事は複数抱えていることが普通ですから、ある程度分類することが求められます。例えば、生活保護のケースワーカーであれば、担当地域別に台帳を整理したり、困難ケース別に整理したりといくつかの分類方法が考えられます。議会事務局の職員であれば、本会議、委員会などの区分があるでしょうし、庶務担当であれば、議会関係、人事組織関係などの必ずある項目と、職場の課題別に整理するなどの方法があると思います。

どのように分類したら良いのかは、自分にとって、どれが一番わかりやすいか、という視点で判断すれば良いと思います。分類するということは、物事を整理するためにはどうしても必要な作業です。また、分類するということは自

分の頭の中を整理するということにもつながりますから、大事な工程となります。理想を言えば、「もれなく、ダブりなく」（MECE、ミッシーと言います）整理されていることが良いのですが、完全に整理しきれないということも出てきます。例えば、先の庶務担当の事例で言えば、「人事組織の資料を議会に提出する」のように、議会と人事組織の両方に当てはまるような場合です。こうした場合でも、自分がどちらの方がわかりやすいかということを念頭に置き、一定のルール（例えば、2つの分野にまたがる場合は、整理順番の早いものにしまう、など）に従って整理されれば良いと思います。

第2に、捨てる

不必要な書類は手元におかず、捨ててしまうのです。

これには2つのポイントがあります。1つは、捨てるためには、当然のことながら、その資料の要・不要の判断基準がなくてはなりません。その資料が必要なのか、不要なのかということが判断できなくては、捨てることはできません。そのためには、自分が判断できるだけの基準を持っていなくてはいけません。これを捨てて良いのかどうかわからない、というのは、場合によっては自分がその問題をまだよく理解していない、ということの1つの証明にもなると思います。

また、もう1つのポイントは、「とりあえず、これとっておこう」というのを極力避けることです。この「とりあえず」が曲者で、「とりあえず」が多くの無駄な資料を蓄積させてしまうもとになります。こんな時は「この資料がなくて困ることがあるだろうか」と考えて判断します。ないよりはあった方が良い程度なら、捨ててしまってもあまり影響はないでしょう。それに、判断に迷う程度の資料であれば、切迫性はないということの証明にもなります。私などは「本当に困る問題であれば、いずれ誰かが何か言ってくるだろう」ぐらいに考えて捨ててしまうこともあります。なお、どうしても判断に迷う場合はスキャナーで読み取って、ファイルにしてしまうという手段もあります。

第3に、整頓する　この整頓には、いくつかの種類があります。まず、どこにしまうのかです。当たり前ですが、よく使うものは手元に、あまり使わないものは書棚やキャビネットの中に、のように判断します。これも、時間のロスという視点から考えれば良いと思います。

また、設問にあるように、同じ資料を複数の職員が持つような場合は、できるだけ共有化をした方が、場所の面から言っても能率的です。もちろん、資料によっては、どうしても個人として持っていた方が良い場合もあります。しかし、係全体でどのような資料があり、誰がどのような書類を保存しているのか、ということについて確認してみると、思わぬ整理ができるかもしれません。

第4に、収納する　どのようにしまうかです。私の場合、2穴ファイルを使用し、資料ごとにラベルをはり、新しい資料は上に重ねて綴る（最新の情報が一番上になっている状態）という方法をとっています。これにより、「いつ、どのような資料で話されたのか」ということがすぐにわかります。人によっては、クラフト紙のような少し硬い紙でボックス状になっているものや、ラベル付で2つ折りになっているフォルダ（キャビネットの目次となります）の中に書類を入れておく方がいますが、これらはどうしても最初から書類を見直す必要がありますので、非効率のように思います。あまり使わなくなった資料を保管する場合や、報告書や論文などのまとまった文書をしまう場合には適していると思うのですが、急を要している課題については不向きのように思います。

第5に、他の人が見てもわかるように配慮する　これは、見た目にもわかりやすく、きれいに整理するためにも、インデックスやラベルを貼っておくことです。これによって、他の人にもわかりやすく、またすぐに取り出せるようになります。

正解②

6 パソコンをうまく活用できてますか？

設例

学生時代は、大学のレポートやサークルの活動報告などの文書を作成していましたが、役所に入ってからの文書の多さに戸惑っています。先輩から引き継いだ文書（ファイル）は、様々な種類があるのですが、デスクトップにいろいろなフォルダが並べられていて、壁紙も見えないような状態です。最近は、フォルダもすぐに見つけられるようになったのですが、来年、またこのパソコンを誰かに引き継ぐのは悪いような気になるのですが……。

あなたなら、どうしますか？

①仕事で活用できる無料ソフトがたくさんあるので、できるだけ活用する。

②ファイルの整理にあたっては、一定のルールや決まりを作ってわかりやすいように整理する。

③ユーザーIDやパスワードは、自分が休んでもわかるように、人に伝えておく。

解答

解説　仕事の能率は大きく変わってきます

パソコンにおける整理法についてです。現在、多くの職場でパソコンは必須のアイテムとなっていますし、実際にパソコンをどのように活用するかによって、仕事の能率は大きく変わってきます。そこで、パソコンの活用についていくつか考えてみたいと思います。

第1に、ファイルの整理方法。

これは書類の整理とも共通する点も多いのですが、作成した文書等のファイル、またそのファイルを種類別にまとめたフォルダの整理ということが求められます。

まず、フォルダは、先に説明した「もれなく、ダブりなく」（MECE）ということに注目しながら、全体で20ぐらいのフォルダを作成します。20ぐらいというのは1つの目安ですが、あまりに多いと画面にすべてのフォルダを表示することが困難になりますし、反対に数が少ないと階層的に深くなってしまいます。このため、20ぐらいが適当のように思います。

また、分類の仕方としては、「01庶務」「02議会」「03予算」などのように、どの部署に行っても共通なものを前におき、中程にその部署の仕事に応じたフォルダ「10○○計画関係」「11△△会議関係」などのようにしておき、最後にどうしても分類できないファイル等のために「99その他」などと整理しておくと、どこに異動しても共通の構成で対応することができます。また、後で「以前の職場ではどうだったかな」とファイルを探す時にも便利です。

ファイルについては、後でファイルを探す時にわかりやすいようにしておくと便利です。

例えば、後から作成した文書が常にフォルダの下に表示されるよう、ファイル名の頭に作成年月日を付与するのです。仮に「パソコン整理法」という文書を２００９年８月４日に作成したのなら、「090804パソコン整理法」というファイル名にします。または、その会議やイベントの日程をファイル名の最初にするという方法もあります（090804住民説明会資料など）。

また、ある資料が会議や指摘を受け変更していくような場合に、その経過のファイルについても保存しておきたい場合などもあります。そうした場合、ファイル名の後に（係打合せ時）や（課長レク時）などと付与しておくと、いつどのような時の資料なのかがすぐにわかります。

さらに、確定したファイル（資料）などは年月日の後に記号（●など）を付与して、すぐに判別できるように整理する方法もあります（090804●こどもまつり説明資料）。

以上は、あくまで1つの方法ですので、もちろん完璧というわけではありません。仕事内容等に応じて、皆さんで工夫してみてください。

第2に、仕事に役立つ無料ソフトの活用。

この点については、既に触れてきましたが、現在無料ソフトでありながら仕事に役立つソフトが多くあります。

例えば、パソコンの画面上に表示できる**付箋ソフト**です。手で書くよりも入力した方が楽ですし、失くしたり、はがれたりすることを防げます。また、何よりもパソコンの画面に表示されているので、常に目につき、目立ちます。

また、**スケジュールソフト**も便利です。私が使っているソフトは、朝1回起動させると、タスクバーに格納されるため、後はワンクリックですぐに表示できます。役所のグループウエアのスケジュール機能を立ち上げるためには、まずグループウエアを立ち上げ、そこからスケジュール機能を立ち上げ、と非常に手間と時間がかかりますが、このソフトですとすぐに表示でき便利です。

この他にも、業務に応じて使える無料ソフトがいくつかあると思います。詳しくは、**ベクターなどの専門サイト**を見てください。ただし、こうした無料のソフトのダウンロード等には一定の制限がある場合もありますから、事前に職場等で確認する必要があります。

第3に、資料の取り込み。

この点も、既に触れましたが、多くの紙の資料をすべて保存しておくのは、場所的にも困難ですし、また探すのも苦労です。このため、特に紙で保存しておく必要のないものは、スキャナーで読み込み、パソコンやサーバーの中に保存してしまうという方法もあります。

パソコン内のフォルダが上手に整理されていれば、紙のものよりも電子ファイル化した資料の方が、かえって早く見つけられるということもあります。

正解②

7 仕事を整理する視点は？

設例

入庁して数ヶ月が経ち、仕事もだんだん増えてきました。４月には、丁寧に教えてくれた先輩でしたが、今ではだんだん仕事も任されるようになってきました。しかし、少し困ってきたことも出てきたんです。細かい仕事も含めて、いろいろやることが多くなって、どれから手をつけたら良いか、迷ってしまうんです。出勤前には仕事の順番を考えるんですが、実際に来ると電話や細かい用事も言いつけられて……。どうすれば良いのでしょうか。

あなたなら、どうしますか?

① 仕事の優先順位を考える際には、緊急性と重要性の視点から考える。
② 仕事は、とにかくできるものから着手する。
③ 仕事の優先順位については、必ず上司と相談しなければならない。

解答

解説　「緊急性」と「重要性」の2つの視点で整理する

今回は、少し趣向を変えて仕事を整理するということです。みなさんも数多くの仕事を抱えていると思います。「小さいものも含めて数えたらきりがないよ～」と嘆く人もいるかもしれません。

仕事を整理することとは、どの仕事から片付けるか、どのように優先順位を付けるか、ということに結びつくと思います。この時のポイントは、緊急性と重要性の2つの視点です。

緊急性の高い・低い、重要性の高い・低い、で仕事を分類すると4つのカテゴリに分類できます。

このマトリクスで考えると自分が何をしなければならないか、ということが明確になります。これを具体的な事例で考えてみましょう。なお、当然ですが、どのような事例がどのケースに当てはまるかは、人によって異なります。

緊急性・重要性とも高いケース。

保育課や教育委員会などにいる場合ですと、保育園や学校での事故・事件などが考えられます。不審者の侵入があった、給食で食中毒があった、など人命に関わるような、緊急トラブル対応があります。この場合は、率先してこのトラブル等に対応する必要があります。これには、わかりやすい事例ですから、みなさんも異論はないと思います。

緊急性は高いが重要性は低いケース。

例えば、課長から「急いで、この手書きの資料をパソコンで打ってくれ」と頼まれたり、「これを○○さんに、12時までに連絡する」など、いろいろなケースが想定できます。時間的制約があるのですが、内容としてはさほど重要でないという内容になると思います。

こうしたケースは時間との勝負になります。いかに効率よく終わらせるかが、ポイントになるかと思います。仕事の内容としては、あまり重要ではないのですから、早めに終わらせて、本当に重要な仕事のために時間を充てられるように考えることが大事になります。

よく「忙しい！　忙しい！」と人に言いまわっている人がいますが、よくよく見ると大した仕事をしているわけでなく、雑事だけにとらわれているという職員を見かけます。しかし、実際のところはこうした雑事だけに追われていて、本来するべき自分の仕事が進まなければ意味がありません。ですから、そんな忙しい中にあっても、「自分は忙しいけれど、与えられた仕事をきちんとやっているだろうか」と自問自答する必要があります。

緊急性は低いが、重要性の高いケース。

これは、じっくり取り組む必要がある仕事だと思います。例えば、今度の会議の中で自分が説明する案件の資料作成であったり、自分の担当分野で定例的な内容ではなく、今後の方向性を決定しなければならない、など、かなり頭を使うことを要求されている仕事です。

こうした仕事については、緊急性がないからと後回しにしていると、後々困ることになりますから、注意が必要です。時間的に余裕がある時にでも、少しずつ着手しておき、後で困ることがないようにしておきたいものです。

緊急性も重要性も低いケース。

これについては特段説明する必要はないでしょう。

ただ、緊急性も重要性もないけれど、いつかはやっておかなければという仕事も結構あるものです。こうしたものについては、早めに終わらせて、自分を身軽にしておくと楽になります。「いつかは、やらなければ……」と思いつつも、放っておくと、後で忙しくなったときに困ることになるからです。懸案事項は早め早めに対応して、自分を身軽にしておくという姿勢も重要かもしれません。

この緊急性・重要性のマトリクスで仕事を分類することにより、自分がやっている作業がどのような意味を持っているのか、今後何をやらなければならないのか、ということが明確になります。このように自分の頭の中を整理して、仕事に取り組んでいくことが重要になります。単に「忙しい、忙しい！」と言いながらも、自分の仕事がちっとも進んでいない、なんてことがないように注意しましょう。

正解①

8 資料を上手に作成するとは？

設例

最近、資料作成は本当に難しいなぁと感じます。

よく係長や先輩に資料作成を命じられるのですが、なるべく漏れのないようにと、資料の中に書き込むのですが、すぐに「これじゃ、結局、何が言いたいんだかわからないぞ！」とか、「もう少しポイントを整理して、見やすい資料を作れ！」と怒られてばっかりなんです。どうしたら上手に資料作成ができるのでしょうか。

あなたなら、どうしますか?

① 資料はなるべく漏れがないように、レアなケースも含め細かく作成することが大事である。

② 現在はA4サイズが主流なので、必ずA4用紙を使って資料を作成する。

③ 資料は簡潔明瞭であることが重要である。

解答

解説　提出する相手に応じた資料を作ること

社会人であれば、役所であれ民間企業であれ、仕事で資料作成をしないということはないと思います。まだ、新人職員の頃にはコツがつかめず、資料作成についていろいろ迷うかもしれませんが、年数が経ち、様々な資料に接すると、だいたいコツがつかめてくるものです。

この資料作成の大前提は「相手に応じた資料を作成する」ということですが、これを実際の資料作成の様々な場面から考えてみたいと思います。

資料のサイズ　現在は、多くの場合Ａ４サイズが一般的かと思います。ただし、必ずＡ４でなければならないということではありません。場合によっては、Ａ３サイズ１枚にして、全体を見渡せるような構図にした方が、Ａ４を２枚使用するよりも見やすいということもあります。特に、高齢者などの場合はＡ３の方が良いというケースがよくあります。

文字の大きさ　同様に注意が必要です。若い職員であれば、小さなポイントであっても構いませんが、やはり高齢者であれば最低でもフォントは12ポイント、場合によってはもっと大きくする必要があるかと思います。同時に、行数や1行の文字数、さらに左右上下の余白の大きさというのも見やすさに直接影響します。

資料の記述 簡潔明瞭が大原則です。みなさんも想像していただければわかるかと思うのですが、長い文章でダラダラと書かれている資料は見にくいものです。どこがポイントで、結局何が言いたいのか、ということを探し出すためには、時間を要します。それよりも、箇条書きで整理されている資料の方が、見た目にも美しく、理解するための時間も短くて済みます。簡潔明瞭は、資料の最も重要なポイントです。

文章は短文が基本 よく一文が長い文章があります。そうした文章はやたら修飾語が付されていたり、最初の主語と述語が対応しておらず、結局何が言いたいのかわからない文章だったりします。要点を短い言葉で的確に表現することが重要になります。

資料全体の分量 これもなるべく少ない方が好まれます。例えば何かの説明をする際には、A４用紙１枚を基本とするのが良いと思います。この１枚の中に、「概要」、「目的」、「効果」、「５Ｗ１Ｈ」などを整理して記述します。皆忙しいのですから、ダラダラと書かれたぶ厚い資料よりも、1枚に要点がまとめられたコンパクトな資料が喜ばれるのは、おわかりいただけるかと思います。

ただし、必ずしもすべてのケースでA4用紙1枚が良いというわけではありません。例えば、何かのマニュアルを作成するなどの場合は、できるだけ細かく、様々なケースが掲載されている方が良いということがあります。この場合は、分量が多くなっても、その方が助かるわけですから、分量が多くなっても良いのです。また、資料によっては「概要版」と「詳細版」の2種を作成するということもあります。

資料の構成　資料を作成するにあたっては、その構成も重要となります。資料の内容によって、その構成も異なりますが、いくつか典型的なパターンを挙げて見ましょう。

まず、上司に判断を求める場合です。ある問題があり、それへの対応案を提示し、上司に決定してもらうような場合です。こうした時は、まず問題点は何か、対応案の内容と、それぞれのメリット・デメリット（通常はコストや住民の満足度などの視点）、場合によっては資料作成者が「A案が妥当だと思われる」などコメントを付す場合があります。これらをわかりやすく（場合によっては、表にするなど）表現し、上司が判断しやすいようにまとめるのです。

また、新事業など、何かを説明する場合であれば、概要、実施方法（5W1H）、期待される効果、想定される問題点などをまとめるのです。

資料の構成に決まりはないのですが、ポイントは論理性・ストーリーです。「○○という問題があります。これに対し3案あり、それぞれのメリット・デメリットは、次のとおりです…」のように、話が論理的に展開することが望まれます。

資料作成者が口で説明しなくても、その資料を見れば何が一目瞭然というものが素晴らしい資料です。

正解③

9 相手に理解出来るよう工夫してますか？

設例

最近、資料作成にも少しずつ慣れてきました。しかし、先輩が作成した資料と比べると「ちょっと、違うなぁ」と思うんです。

先輩の資料は、目に飛び込んでくるというか、訴えかけてくるようなインパクトがあるんですが、自分が作成した資料はメリハリがないというか、一目ではすぐに理解できないというか……。

自分ではがんばっているつもりなんですが、どこに注意すれば良いのでしょうか。

あなたなら、どうしますか？

①資料の作成方法は人によって違うので、気にする必要はない。

②重要なポイントについては、フォントを変える、枠で囲む、下線を引くなどビジュアル面での工夫を行う。

③資料は文字で表現するのが原則なので、図は用いない。

解答

解説　相手が理解できる「見せる資料」がポイント

今回は資料のビジュアルという側面から考えてみたいと思います。資料は、相手に読んでもらい、理解してもらうことが重要ですから、単なる自分の思いをダラダラ書き綴ってはいけません。相手が理解できる資料、「見せる資料」というのも重要なポイントになります。

では、具体的にどのようにすれば「見せる資料」になるのでしょうか。

なるべく一文を短く　箇条書きなど短文で表記することです。

例えば、何かの作業マニュアルのような手順を文章にする場合、「まず、カップラーメンのふたを半分まで開けます。それから、そのカップの中の線で示された部分まで、沸騰したお湯を入れます。次に・・・」などと散文で記述されたら、読むのが非常に大変です。こうした場合は、

1　カップラーメンのふたを半分まで開ける
2　カップの中の線で示された部分まで、沸騰したお湯をいれる
3　ふたをして、3分待つ

……などと箇条書きにした方が断然わかりやすくなります。また、何かのメリット・デメリットなどについて表記するような場合も、こうした表記の方が見やすいです。

タイトルや項目などはゴシック体に　その他の文字は明朝体にするなどの、メリハリをつけるということです。

よく資料で、すべての文字が明朝体で書かれているものがありますが、これはこれで非常に見にくいものです。資料を一瞥したときに、タイトルと項目立てを一目でわかるようにしておくだけでも、理解が大きく異なってきます。

また、重要な部分に下線を引く、斜字や太字にする、枠で囲むなど、様々な方法があります。新人職員は、様々な資料を作成していく中で、こうした手法を学習していきますが、ある程度したら自分なりのフォーマットを決定しておくと、資料作成をパターン化することができます。

図を用いる　資料の中に図を用いると、非常に理解しやすいものになります。

よくある事例として、マネジメントサイクルがあります。ＰＤＣＡサイクルとも言われ、事業活動における生産管理や品質管理などの管理業務を円滑に進める手法の１つです。

具体的には、Ｐ（ＰＬＡＮ・計画）→Ｄ（ＤＯ・実行）→Ｃ（ＣＨＥＣＫ・評価）→Ａ（ＡＣＴ・改善）を示し、これを「円」で示し、計画、実行、評価、改善、そしてまた計画、実行、……と続くことを表現します。

この図の表記は、ＰＤＣＡサイクルを言葉で説明するよりも、ずっとわかりやすく、また理解しやすいものになります。

図は、もちろんこうしたサイクルだけでなく、マトリクスや螺旋図など、いろいろなものがあります。

こうした資料における図の活用に関わる本も出版されていますので、興味のある方は是非ご覧ください。

ところで、2回にわたり資料作成について述べてきましたが、本当に上手な資料になる

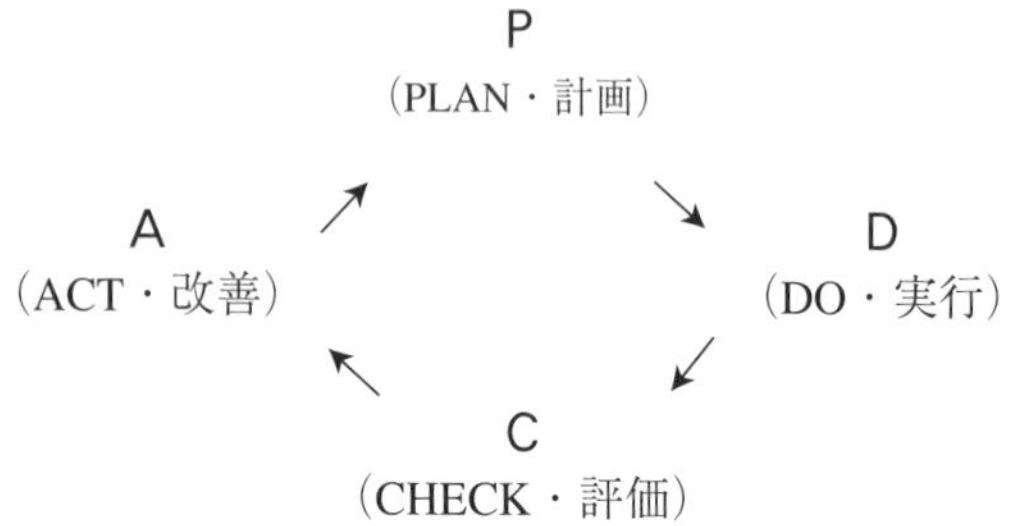

と、これはもう一つの「作品」ではないかと思えるようなものになります。そして、本当に素晴らしい資料は、資料自らが内容を語ってくれて、読んだ人に疑問を持たせません。

もちろん、あまりに資料作成にこだわって、時間ばかりかけていては本末転倒ですが、役人にとって資料作成は必要な技術ですから、一度じっくり検討してみましょう。

正解②

10　メールを上手に使うポイントは？

設例

今、メールをしない日などはありません。学生時代の友人とは、社会人になっての苦労をよくメールを通じて、分かち合っています。

ところで、役所の中で仕事としてメールをする場合には、どのようなことに注意しなければならないのでしょうか。言葉遣いはもちろんですが、何かもっと大事なことがあるような気がするのですが……

あなたなら、どうしますか？

①　昼休みの休憩時間内であれば、役所のパソコンを用いて私用メールをしても構わない。

②　メールで質問を受けた時は、メールで回答するのが原則である。

③　メールの文章は誤解が生じやすいので、文章などに注意する。

解答

解説　相手の立場になってメールを使う

現在、仕事上で欠かせないアイテムの1つに、電子メールがあります。庁内での連絡はもちろんのこと、他機関や業者への連絡、また住民からの苦情への回答など、幅広い分野で活用されています。相手先のアドレスを間違えない、誤字脱字に注意する、といったことは、日常のプライベートのメールにおいても当たり前のことです。ここでは、特に仕事で使うということに限定して、この電子メールの活用についていくつか考えてみたいと思います。

メールの文章はより丁寧に書く

これは、携帯電話でのメールを活用する方は、十分おわかりだと思うのですが、携帯電話では画面が小さいことや、入力が手間であることから、主語を省いたり、内容を簡略化したメールが結構あります。このため、勘違いということがしばしばおこります。

例えば、ある時、私が同期との間である職員について話題にしていたところ、その同期から「今、役所？」などの文章が来たことがあります。彼は、その話題にしている職員が役所本庁の中の組織に所属しているのか、という意味だったのですが、私は、私自身が今出張先ではなく役所の中にいるのか、という意味にとってしまい、しばらく噛み合わないやりとりが続いたことがあります。

これはあくまで1つの例ですが、メールは主語と述語などはもちろんのこと、相手に誤解されないように、十分注意して文章にすることが大事です。

これも経験したことですが、苦情のメールなどの場合は、相手が非常に激昂していて、激しい文章であることがあります。その場合、内容が不明確な文章であることも結構ありますので、十分注意して返信する必要があります。場合によっては、相手の真意を確認するメールを送付する必要もあるかと思います。

通常の手紙の場合もそうかもしれませんが、お互い会って話せば問題がないのに、文章だけのやりとりであるが故に、誤解が生じてしまい、問題をこじらせてしまうことがあります。あまり馬鹿丁寧な文章も考え物ですが、メールの文章については、十分配慮するべきです。

メールを過信しない　メールは相手に送付したからと言って、相手が確実に読んでいるかどうかは不明です。相手が忙しくてメールを確認していない場合もありますし、システムの故障などでメールが実は送付されていなかった、ということもあるからです。相手にメールを送ったからといって、相手が読んだと思ってしまうのは、早合点です。急ぐ内容であれば、「今メール送付しましたけど、確認いただけました？」などの電話を一本入れておいた方が無難です。また、こちらの意図が完全に伝わらず誤解されるおそれもありますから、微妙なニュアンスを伝えたいのであれば、やはり電話を入れて確認する必要があるかもしれません。

もちろん、すべてのメールの度に、電話を入れていたらメールの必要がなくなってしまいますが。特に、年配の方はメールに慣れていない場合もありますから、相手から来る文章に間違いが多かったりすることもあります。誤字脱字で意味が伝わらなかったり、内容が不明確であれば、やはり確認しておく必要があるかと思います。とにかく、メールは道具の１つですから、過信は禁物です。

返事はなるべく早く送付する　今、若い世代ではメールを受信して、○分以内に返信しないといじめの対象にされるそうです。それは極端ですが、やはりメールには早く返信することが大事だと思います。相手からメールを受け取っても、長時間返信しないと、相手は「メールが届いてないのか」、「文章に失礼があったのか」と疑念を抱きかねません。

ですから、メールをもらったら、すぐに返事ができない場合でも、「メール拝見しました。お問い合わせの件については、少し検討させてください。○日の午前中までにはお返事します」などと、簡単な一報を入れておくだけで、相手は安心するものです。

特に、苦情先との対応では、スピードが信頼関係を構築するための第一歩になることがあります。相手が満足するような回答がすぐにできなくても、まず現状のできる範囲の内容を相手に返信して、こちらの態度を明確に示しておくことが大事になります。「メールしても役所から何の返事もない」と思われるのか「○日までには回答してくれるのか」と思われるのかでは、その後の対応にも大きく影響してきます。

正解③

11 仕事に段取りが必要なわけは？

設例

うちの職場は残業が多くて有名な職場です。先輩達も毎日のように残業していて、遅くまで残っているんです。

ただ、午後5時を過ぎると住民もいなくなることから、結構おしゃべりに花が咲いているようで、本当に残らなくちゃいけないのかなあ、と疑問に思うこともあるのですが……。

個人的には、残業をせずに帰りたいのですが、どうすれば良いでしょうか。

あなたなら、どうしますか？

①先輩達が残業しているのに、自分だけ先に帰るのは許されない。

②仕事の分量や時間を考え、どのようにしたら効率的か、仕事の段取りを考える。

③自分にとってできそうなものから、仕事を片付けていくのが一番良い。

解答

解説　仕事には必ず締切りがあります

仕事を進めるにあたって重要なポイントとして、段取り力というものがあります。仕事には通常は締切があり、それまでに為すべき事を済ませておく必要があります。

例えば、1日の単位で考えれば、残業せずに定時で考えることを目標とすれば、その日のうちに済ませておく事項を処理しておかなければなりません。仮に、明日の会議の中で自分の課としての意見を発表する必要があるとします。そうした場合、今日中に課長までの了承を得る必要があれば、その前には当然ながら係長にも説明しておく必要があるわけです。このように考えていくと、係長や課長に説明するにあたって必要な資料は何か、二人の空いている時間はどこか、仮に二人から異論が出た場合はどうするのか、などいくつかのケースを想定して準備する必要があります。

「今日の5時までに、課長までに了承を得る」というゴールを設定した場合には、それを逆算して段取りを考えていく必要があります。また、他にも抱えている仕事もあるはずですから、自分の空いている時間を考えながら、どのように作業をこなしていくのか、自分の予定を立てていくことが必要となります。締切間際で慌てることなく、多少不測の事態が発生しても十分に対応できるように計画を立て実行すること、これが段取り力です。

段取り力について、いくつかのポイントがあります。

客観的にいつまでに何をしなければならないのか、十分に把握する。

当たり前のことですが、まずは自分がしなければならないことをリストアップすることが必要です。今後の予定から逆算して、自分が何をしなければならないかを項目出しすることです。

そのリストは、細かく考える必要があります。

先の例で言えば、課長の了承を得る前には、係長の了承を得るという前提があり、その前には二人への説明資料を作成する、二人の空いている時間を探す、など、さらに細かな作業がメニューとして出てきます。

そうした細かな作業をすべて考えた上で、今は何をすべきか、午後は何をすべきか、という細かな目標設定をすることになるのです。ただ「今日中に課長に説明する」という内容が、より明確になるのです。

ただ、午後5時という目標の前に、いくつものハードルが途中途中で出てきますので、それらをひとつひとつクリアしていくことが十分認識できるわけです。この認識が段取り力を高めることになります。

「自分は何ができるのか」という仕事の締切から逆算して、自分の行動を決める。

「自分が何をしたいか」という自分の視点から仕事を考えるのは間違いです。職員の中には、「今自分は何をしなければならないか」という視点でものを考えるのではなく、自分のペースやリズムで仕事を行い、結果としてずるずると残業をしている人がいます。

ある課題を達成するために、いくつものハードルがあることがわかれば、上手く時間管理をすることにより、そのハードルを自分の時間と調整しながら越えていくことができ、効率的に作業することが可能となります。このような仕事の視点に立って自分の行動を考えるのか、自分の視点に立って仕事を考えるのかでは、作業の進捗は大きく異なってきます。段取り力をつけるには、あくまでも仕事の視点に立って、自分が何をできるのかを考えることが大事になります。

不測の事態や相手の立場に十分配慮して、段取りを行う。

段取りとは、あくまで自分で考えたスケジュール、若しくはストーリーですから、勝手な思い込みと言えなくもありません。当初予定していなかったことが途中で発生することもありますし、相手が納得せず、また振り出しに戻ってしまうこともあります。このため、段取りをする時にはそうした事態にも十分対応できるようにしておく必要があります。

余裕を持ってスケジュールを組む、相手が納得しやすいように前もって少しずつ情報を入れておく、自分がいなくても話が通じるように関係者に話しておく、などの配慮を行い、段取りがスムーズに流れるように下準備をしておくことも必要になります。

正解②

12

仕事の根回しが必要なわけは？

設例

私の職場である、防災課災害対策係には個性的な職員が多く、係会なども1回で何かの結論が出るなんてことは稀なんです。

実は、今度自分が担当する防災訓練の内容を係会で相談するのですが、みんなに何を言われるのか、今からビクビクしているんです。どうしたら良いでしょうか。

あなたなら、どうしますか?

① 係会までの間に各職員に案を示し、事前に意見を聞くなどの根回しを行う。

② 係の決定は係長に責任があるので、係長の意向だけを十分把握する。

③ 会議は1回でまとまらなくても構わないから、会議の流れに任せる。

解答

解説　「異議なし」で会議をまとめるため

仕事の中で、特に難しいのは他人に締切を守って作業をしてもらったり、他人にこちらの作業内容を理解してもらったり、など他の人を動かしたり、理解してもらう場合です。

例えば、係として意思統一を図る会議が設定されているような場合、その会議当日にその係に属する職員全員が初めて聞く説明をきちんと理解し、全員の意思統一を図ることは非常に困難です。会議の事務局（担当者）としては、事前に会議の意図や方向性をある程度伝えておき、会議当日にはすべての職員が「異議なし」としてまとまることが理想になります。そのために、根回しが必要となります。

会議当日までに各係員に説明を行い、それぞれの意見や思惑なども十分把握した上で、事前に調整できるものは済ませてしまいます。そうすれば、会議当日に無用の混乱を生んだりすることが少なくなり、会議がまとまる可能性が高くなります。

このような仕事における根回しについて、いくつか考えてみたいと思います。

根回しする相手の意向を十分把握する。

通常の会議では、多くの人が集まるのが普通ですから、会議のメンバーにとってなかなか意見が言いにくい状況です。また、メンバーは「こんなこと言ったら、他の人から笑われるんじゃないか」などと思ったりもしていますから、本音を言わないことも想定されます。「会議なんだから、みんな言いたいことはそこで言って、いずれ意見がまとまるだろう」と事務局が考えていたとしても、実際には難しいのです。

このため、根回しする場合は、できるだけ相手が1人でいる時にこちら側の説明を行い、相手が本当に思っていることや疑問を十分に聞きだすことが重要になります。個人個人の思いを十分に受け止めた上で、こちらの意向について相手に応じて十分説明することが大事となります。

偉い人ほど、物事を単純化して、わかりやすく説明する。

議員でも役所内の上層部であっても、役職が上の人ほど、大局に立って物事を判断します。事務的な細かな内容よりも、結局「何がどうなる」という、結論だけを求めるものです。そして、その「何がどうなる」ことによって、どのような影響があるのか、が重要となります。簡単に言えば、その人にとって利益になるのか不利益になるのか、またどういう影響があるのか、ということが大事なポイントです。

ですから、根回しする際には、起承転結のように一から事細かに説明するよりは、物事の結論、それによる影響、そして根回しする相手に求めること（いついつまでにこれを仕上げてほしい、会議の中で○○について△△の方向で発言してほしい、など）をわかりやすく説明することです。

その上で、相手の意見を十分把握し、対応可能であればいったん持ち帰り調整を図ったり、相手の意向に添えない場合はその旨を十分説明したりなど、対応をすることになります。なお、この根回しする場合には、時期も重要です。先の会議の例であれば、会議当日からずっと前であれば根回ししたことさえも忘れられてしまいますし、会議直前では相手の意向に合わせた調整が不可能となってしまいます。

相手に応じた根回しを行う。

根回しの目的は、相手の意向を十分も踏まえた上で、相手に一定の行動をしてもらったり、理解を示してもらうことにあります。そのためには、相手が納得していることが前提です。相手が全然納得していなければ、こちらが考えるようには動いてくれません。

このため、相手に応じた根回しが必要となります。例えば、1回聞いて理解する人もいれば、忘れっぽく何回か同じ説明をしないとダメな人など、人に応じた根回しが必要です。細かいことにこだわる人、大雑把な人、など性格に応じた言葉遣いや説明方法の工夫なども必要になります。

場合によっては、会議のメンバーにどうしても対立の構図があり、どちらか一方の意見で会議をまとめるようなこともあります。そうした時は、事前に多数派工作を行うという根回しも必要かもしれません。また、会議であれば、誰がどのようなタイミングで発言するのか、落とし所をどうするのか、といった会議のシナリオを描き、それぞれに役割を演じてもらうよう根回しすることも必要かもしれません。

正解①

3　人間関係のうまい操縦術

13 クレームから逃げていませんか？

設例

私は、保育課入園係に在籍しています。ようやく1年目が終わろうとしているのですが、今職場は保育園に入れなかった保護者からのクレームが毎日のようにあるんです。

電話だけでなく、毎日のように訪れる親もいて、本当に困っています。早くクレームのない職場に行きたいと思うこの頃なんですが、こんな考えじゃいけないいんでしょうか。

あなたなら、どうしますか？

①配属は運だから、次の人事異動までがまんして待つ。
②モンスターペアレントなどのクレーマーには、あきらめるしかない。
③どこの職場に行っても、クレームはついてまわるものだから、覚悟を決めて対応する。

解答

解説　クレームには腹を据えて対応する

社会人であれば、クレーム対応は避けることのできないことの1つだと思います。あまりうれしいことではありませんが、誰もが必ず経験するのではないでしょうか。

民間企業では自社製品に対する苦情等を受け付ける「お客様相談室」という組織があったりします。公務員の場合は、通常の窓口でのトラブルは勿論のこと、それ以外でもクレームがないという部署はおそらく1つもないと思います。また、最近のクレーマーと呼ばれる人達の増加、さらにマスコミによる公務員叩きが加わり、クレーム対応は難しくなってきています。

このクレーム対応について、どのように考えたら良いでしょうか。嫌なもの、面倒くさいもの、うるさい人がするものなど、いろいろと皆さんも感じることがあろうかと思いますが、少し考えてみたいと思います。

クレームとは避けていても逃げられず、腹を据えて対応する方が結局は自分にとって良い結果をもたらしてくれる。

苦情も本当にいろいろなものがあり、ちょっとした勘違いから本当に悪質なものまで多岐にわたります。ただ、苦情から逃げ回っていても、結局は逃げられず対応しなければならなくなります。苦情を言う立場で考えれば、担当者が逃げ回っていても、決して納得したわけではありません。かえって、不満の度合いが高まり、余計にストレスをためていくことになります。苦情の原因がちょっとした勘違い程度だったのに、担当者の不誠実な態度で怒りが増してしまい、問題をこじらせてしまうことがあります。

苦情を言われて嫌だな、あの人には会いたくないな、と思っても、腹を据えて対応してしまった方が結局は自分も楽になります。もちろん、手に余るような場合は同僚や上司の手を借りることも大事です。クレームを1人で抱え込んでしまうのはつらいですが、組織で対応すれば気持ちもぐっと楽になります。

クレームは、自分の視点では捉えられなかった新たな視点を教えてくれる。

クレームは相手が不快に思ったからこそ、発せられるものです。それは、あくまでも相手視点であり、相手の立場からのものです。そういった意味では勿論主観的なものです。そのため、「何て利己的な！」と思われるようなクレームもあるのですが、私たちサービスの提供者である公務員の方が気が付かなかった、あるいは配慮が足りなかったというのも少なくありません。

私たちは当然のことながら全知全能の神ではなく、欠陥のある人間ですから、これで完璧だと思っていても、見落としたり、不注意があることもよくあります。特に、公務員社会では当然のことと思っている、ちょっとした言葉の違い（例えば、生保とは生活保護のことを言うなど）のことがあります。また、私たちは毎日仕事として庁舎に来ており、○○課がどこにあるかは自明の理となっていますが、住民にとってはわかりにくいかもしれません。だから、クレームに対しては「ああ、そういう見方もあるのか」、「住民はこのように感じるのか」と真摯に受け取ることが大事だと思います。市販されているクレームについて書かれた本を読むと、「クレームは宝の山で、ビジネスチャンスが隠されている」などと書かれており、そういう見方が案外大事なのかもしれません。

クレーム対応の醍醐味は、最終的にお互いが理解し合えることにある。

単にクレーマーとして役所に文句を言いたいという人は別として、役所の抱える様々な問題に対して真っ向から議論をしてくる人がいます。役所の対応や姿勢に疑問を感じ苦情を言ったところ、通常、役所からその背景や考え方の返答があります。それに対し、さらに疑問点などを役所に投げ返し、というように、何回もやり取りがあることがあります。最初はちょっとした苦情で、感情的なものがあったかもしれませんが、そういう真面目な住民はよく勉強し、賛成か反対かは別として、役所の立場も理解してくれるようになります。役所側に立ったということではなく、良き理解者になってくれるのです。

これこそが、クレーム対応の醍醐味だと思います。

住民も役所もお互いの立場を理解し合い、さらにその先へ進もうとする。このことこそが、大事なのだと思います。

正解③

14

効率的な会議をしていますか？

設例

うちの係では、毎週1回、係会を開催するのですが、最近マンネリなんです。「では、今週の会議始めまーす。定例報告お願いします……。他に何かありますか？　なければ終わります。」と、こんな感じなんです。また、何か議題があっても、議論するというよりは、おしゃべりのようです。さらに、ひどい時には遅刻する者が多く、定時に会議が始まらないことさえあるのです。こんなことで良いのでしょうか？

あなたなら、どうしますか？

①会議は結論が出るまで行うことが原則である。

②会議前に資料を配ることは、効率的な会議運営の方法の1つである。

③会議は遅刻厳禁であり、遅刻した者は次回から参加させない。

解答

解説　会議は時間をかけず効率的に

会議は日頃の仕事に欠かせないものです。私もこれまで20年弱の役所人生の中で、数え切れないほどの会議を行ってきました。出席メンバーも、係内会議のように少人数で顔見知りによる小さな会議もあれば、地域の警察、消防、医師会、町会長や各種団体の代表者など、地元の名士が集まるような大きな会議まで、まさに多種多様です。中身についても、互いの主張がぶつかりあう激しいものから、会議を開催したという事実だけが重要に思えるようなアリバイ作りのための形式的なものまで、様々です。

当たり前のことですが、会議は時間をかけず効率的に実施することが大事です。ただ、時によって係内会議のようにそこでメンバーが集まって、そこでお互いが日頃思っていることを言い合うことによって、結果として係内の融和を図れることがありますが、それは会議の本来の目的とは少し異なるように思われます。あくまで、目的を持ち、時間をかけず、効率的に実施するのが会議の本来の趣旨だと思います。

そこで、上手に会議を行うためのポイントについて、いくつか考えてみたいと思います。

出席者全員が時間に敏感になること。

会議は、ややもすると、だらだらとマンネリ化してしまうおそれがあります。また、役所内部の会議だと、出席者も緊張感に欠け、平気で遅刻してくる人もいます。やはり、タイム・イズ・マネーの感覚は社会人として厳しく身につけておくべきであり、時間に敏感な人ほど仕事をてきぱきとこなして、格好良いものです。

そこで、会議の開始時刻はもちろんのこと、できれば終了時刻も出席者全員が十分に認識しておくことが重要だと思います。このため、会議の開催通知やメールで連絡する際に、「時間厳守でお願いします」と一言添えるか、わざと開始時刻を半端な45分などに始めるなどの工夫することがあろうかと思います。また、会議は定刻になったら遅刻している者がいても始めてしまいます。これにより、遅刻常習者に対しての今後の遅刻防止への警告とすることができます。もちろん、どうしても都合があって遅れたりする場合は別ですが。

さらに、会議中に議論が煮詰まってしまい結論に至らない場合や、会議の案件が多く長時間にわたってしまい、出席者の中に疲労の色が見えてきた場合は、「会議は5時までとして、本日は議題の4と5についてのみ、一定の方向を決めましょう」などと整理することが必要です。出席者がすでに疲れているようでは、良い結論が得られるかどうか疑わしいですし、後になって「この前の会議では、あのような結論だったけど、よく考えると○○じゃないかなあ」とひっくりかえされる恐れが大きいからです。繰り返すようですが、時間に敏感になることが重要です。

会議の目的、到達点を出席者が事前に十分把握しておく。

出席者が会議に出て初めて内容を知るのか、事前に知ってから会議に臨むかでは結論までの到達時間が大きく異なります。このため、会議の主催者であれば、開催通知等で会議の目的を明確にすることはもちろんのこと、事前に資料を配付しておく、主要なメンバーには会議前にある程度説明しておく、利害関係がぶつかり、ある程度の到達点を決める場合には論点を明確にしておく、などの事前調整をしておくことです。

また、会議の参加メンバーであれば、会議の目的や到達点を予め見極めておき、必要があれば事前に必要な事項を調査したり、他のメンバーと事前調整をしたりなどの対応をしておくことです。これにより、会議の時間を短くすることができますし、効率的な会議にすることができます。

会議で説明する場合は、事前に原稿を用意しておく。

会議の中で何かを説明して、出席者に理解してもらうためには、ポイントをおさえて説明することが重要です。資料に基づいて説明するような場合は、単に資料に書かれていることを読み上げるのは説明の仕方としてはあまり良くありません。「資料を読むだけだったら、説明なんかいらないよ」と言われてしまいます。資料に書かれていないポイントなどを抑え、論理的に説明することが必要となります。

また、会議当日に上手に説明するというのは、なかなかできませんから、事前に原稿を用意しておくことをお勧めします。これにより、事前に自分の中で内容を整理することができますし、後で振り返った時に、自分がどのような説明をしたのかを再現することが可能となるからです。

正解②

15 人前で説明するためどんな準備が必要か？

設例

今度、初めて係会で自分の担当する業務について、来年度の計画案を説明することとなりました。

係長は、「担当として考えたことを、素直に話せばいいんだ」と簡単に言うんですが、人前で話すのは苦手なので、今からドキドキしています。話す前に、どのような準備をしておけば良いのでしょうか。

あなたなら、どうしますか？

①まだ若手だし、思いついたことを話せば良いから、特に準備は不要である。

②自分がどのように考えるのかではなく、みんながどのよう思っているのかを中心に話す。

③話しの構成を組み立てるためにレジュメを作成しておく。

解答

解説　公務員であれば人前で話すことは避けて通れない

公務員であれ、民間企業の社員であれ、人に説明するという行動は誰にでもある場面です。係内の小さな打合せでの説明から、プレゼンテーション、住民説明会、何百人の聴衆がいるような講演など、人前で話すということは避けては通れない仕事です。

私自身も役所に入ってからの経験を振り返ってみると、課内の新人職員への説明、住民を対象とした様々な説明会、役所内の昇任試験対策講座の講師、防災に関する講演など、様々な経験をしてきました。

勿論、最初は失敗の連続で、「わかりにくい」、「何が言いたいのかよくわからない」などと酷評されて、落ち込んだことも数多くありました。

そのため、講演が上手な先輩に聞いたり、スピーチや講演に関する本を読んだりと、試行錯誤を繰り返すうちに、ようやく「わかりやすかった」、「よく理解できた」などの感想をいただけるようになりました。

そこで、人に説明するということについて、少し整理してみたいと思います。

まずは、準備編です。

第1には、自分の中で「○○について皆さんにこれをわかってほしい」と意識を高める。

人にスピーチなり、講演をする理由は、人から依頼されるケースがほとんどだと思います。「自分は嫌なんだけど、△△から頼まれたから仕方なく話す」というのでは、聞いている方も嫌になります。これについて知ってほしい、わかってほしい、という思いがないと人を動かすことは難しいと思います。

デール・カーネギーの名著『話し方入門』（創元社）には、次のように書かれています。「話し手が、頭にも心にも本物のメッセージ──話さずにいられないもの──を持っている時、そのスピーチは成功したも同じである」。

これは本当にそう思います。きっかけは上司や知人からの依頼かもしれませんが、聞いている人にこれを知ってほしい、わかってほしい、という気持ちにまで自分の中で高める必要があると思います。

この気持ちが高まると、本番直前の緊張も多少打ち消すことができますし、実際のスピーチの中の、言葉の1つ1つが生き生きと聞いている人にも伝わってくるものです。

第2に、実際に話す内容について、予め構成を準備しておく。

これは人によって異なると思うのですが、レジュメのような要約をペーパーにまとめておいたり、実際に話す文章を原稿化しておいたりすることがあります。これは、人の好みによりますので、一概にこうすべきだということはないと思います。

ちなみに私の場合は、最初は話す内容をすべて原稿化しておきました。勿論、一言一句そのまま話すということはありませんでしたが、実際のスピーチの場面を忠実に表現できるので、かなり詳細にわたってイメージすることができ、とても助かりました。また、実際にどのくらいの時間がかかるのかを計測することもできるのも、大いに役立ちます。

しかしながら、この原稿化はかなり時間を要しますので、最近では要約だけレジュメにしておき、それを見ながら話すようにしています。自分が実際に話す枠組みを、ポイントとなる言葉を並べておくのです。あくまで自分が話しやすいようにまとめれば良いので、きれいにまとまっている必要はありません。ただし、自分としてはこのような内容で○分くらい話すつもりだったのが、実際に話してみると時間が余ってしまうということがよくあります。結構時間がかかる内容だろうと思っていても、実際にはあっという間に話し終わってしまうということがありますから、内容については十分に精査する必要があろうかと思います。また、そのような原稿やレジュメを元に繰り返し練習をすることも大事です。

第3に、聴衆者について十分に把握すると共に、聴衆者に応じた工夫をする。

これも先ほどの『話し方入門』に、「準備の段階で聞き手となる人々のことを研究して下さい。彼らが必要とするもの、願っていることについて。それによって、戦いの半分はすでに終わっていることも、時にはあるのです」とあります。年齢、興味の度合い、男女比などいくつか分析する点があろうかと思います。また、配付資料、説明にあたってイラストを掲示する、パワーポイントの使用など、視覚へ訴える工夫なども効果的です。

正解③

16 人に説明する際に注意したいポイントは？

設例

私は防災課の職員ですが、先週の住民説明会で今度実施する防災訓練の説明をしました。しかし、住民の方から「街頭消火器ってなんだ？」、「同報無線ってどういう意味だ」、「早口でよくわからないぞ」など、いろいろ質問や意見が出てきてしまい、パニックになってしまいました。

話す時にどのような点について、注意するべきだったのでしょうか。

あなたなら、どうしますか?

① 専門用語は、事前にその内容を資料化しておけば、話す時にそのまま専門用語を用いて構わない。

② 話をする際には、正確さが重要なので原稿をそのまま読んだ方が良い。

③ 話の全体像や、構成に注意して話すことが大事である。

解答

解説　わかりやすく、論理的に、親しみやすく

次に、実際に人に説明する際に注意点について、いくつか考えてみたいと思います。

第1に、わかりやすい言葉で説明する。

聴衆の中には様々な人がいます。話の内容について、実は講演者よりも詳しいという人もいるかもしれませんが、基本的には知らない内容を聞くというケースがほとんどだと思います。

例えば、講演を登山に例えると、いきなり頂上に着くことはなく、一歩一歩着実に歩みながら、結果的に頂上に到達することになります。

講演者は、頂上に至るまで、その途中途中で聴衆が道に迷わないように、確実に道案内をしていくことが必要です。聞き手を無視して独善的に話を進めては、聞いている人は、途中で道に迷ってしまいます。

そのためには、わかりやすい言葉を使いながら、丁寧に説明することが必要です。たまに、自分の権威を高めようとわざと難しい言葉を使いながら、聴衆

を迷わせる人がいます。それは自己満足につながるかもしれませんが、聞いている人の満足を得ることはできません。

「本当に素晴らしい講演ほど、簡単な言葉でわかりやすく話しがなされる。また、本当に優秀な人ほど、簡単な言葉で難しいことを説明できるものだ」ということを、学生時代にある教授から聞いたことがあります。実際に社会人になってみると、本当だなあと心から思います。

第2に、論理的に説明する。

ある程度内容のある話をしようとすると、30分くらいは必要です。その間、講演者の話があっちに行ったり、こっちに行ったり、飛んでばかりでは話についていけません。筋道立てて、順を追って説明する、ストーリーなり構成が必要になります。

論理的にというのは、いくつかの方法があります。

例えば、因果関係（原因と結果）を明確にするもので、「AはBである。BはCである。よってAはCである」のような三段論法（演繹法）。

「Aという事象が発生するためには、BとCという要素が必要である。Bが成立するためにはB1とB2が必要であり…」のようにあるテーマについて掘り下げたり、原因を探ったりするために、階層のツリー状にして考える方法（ロジックツリー）などがあります。

また、ストーリー性という視点でいえば、「起承転結」や「序破急」などの視点があります。話す内容により適当な構成を選択していくことが重要であり、万能の方法があるというわけではありません。

これは、実際に他人の話の構成を調べたり、自分が経験したりする中で体得できると思います。

いずれにしても、講演者の気分により話があちらこちらに飛んでしまい、聞き手がついていけないというような事態は避けるべきです。

第3に、友達に話すように聞き手に対し親しみのある態度で臨む。

これはなかなか難しいかもしれませんが、聞き手の立場になれば理解できると思います。講演する人がずっとかしこまって、重く暗い雰囲気で話続けていれば、それだけで息が詰まってしまいます。

この点についても、デール・カーネギーの『話し方入門』（創元社）には、「多くの場合、話し出す前から、我々はすでに値踏みされているのだ。だからこそ、暖かい反応を誘い出すような態度で聴衆には接しなければいけない」、「現代の聴衆が話し手に求めるのは、気楽なおしゃべりをする時の話し方、つまり聴衆の中のひとりを相手に話すのと同じような普通の話し方なのです」と記されています。

実際に話そうとする際は、こちらも緊張してなかなか話し始めることに戸惑ってしまい、「人に笑われたらどうしよう」、「なんてつまらない話をしているんだ、と思われないだろうか」と、かえって自分を窮地に追いやってしまうことがあります。私も当然のことながら、いつも講演前には緊張しますが、「一緒に楽しい時間を過ごしましょう」と思いながら話をしています。

「教えてやるぞ」のような上から物を言う態度ではなく、一緒の場で楽しく時間を過ごしましょう、と思うと少し気持ちが楽になります。また、聞き手もこうした場では緊張していることもありますが、親しみのある態度で接することにより、反応がしやすくなります。笑ったり、うなずいてくれると講演している方も気持ちが非常に楽になり、良いやり取りができるようになります。

正解③

17

説明会で質問に的確に答えられますか？

設例

先日、○○町会で今度実施する「市民まつり」の説明会を行いました。事前に原稿も用意していったので、自分でも案外上手に説明できたなあ、と思っていたんです。

しかし、質疑応答の時間になったら、一斉に手が挙がって、いろいろと質問が飛んでくるんです。あまりに多く手が挙がったので、それに驚いてしまい、簡単な質問にもとんちんかんな答えをしてしまいました。どうしたら、質問にきちんと答えることができるのでしょうか。

あなたなら、どうしますか？

① 質問に的確に答えるためには、話したことをすべてメモすることが大事である。

② 間違った答えをしないために、相手を見ずにメモを見たまま答えても良い。

③ 実際に答える前に、答える内容の組み立てを考えることが重要である。

解答

解説　まず、質問を正確に聞き取る

係長会で自分の担当業務について報告する、住民説明会で何かを説明する、など、人前で話すことは役人であれば誰でも経験するものです。こうした時に様々な質問が出されることはよくあることです。せっかく上手な説明をしても、質問に的確に答えられないと、やはり住民などの信頼を得ることはできません。

ここでは、説明会等で質問された場合の答え方のポイントについていくつか考えてみたいと思います。

第1に、相手の質問を正確に聞き取る。

人によっては、前置きが長く、結局何を質問したいのかがわかりにくい人もいますので、注意が必要です。前置きを一つ一つメモする必要はありませんので、ある程度聞き流しておいて良いと思います。質問項目を箇条書きにして、要点をおさえてメモすることが大事です。究極的には、主語と述語だけでも良いと思います。「○○の現状はどうなっているのか？」、「△△に対して行政としてはどのような認識を持っているのか？」など、主語と述語の短文にしてポイントをおさえて整理しておくことが必要となります。

第2に、答える内容を整理してから答える。

いきなり質問されるわけですから、限られた時間で的確に答える内容を組み立てなければなりません。例えば、質問が複数の部署にまたがり、他の職員が答えている時間があれば、その間に答える内容について整理しておく必要があります。ここで、何も整理しておかないと、ただ思い出したことをダラダラとしゃべることとなってしまい、十分な答えができなくなる可能性が高くなります。答える側としては、一刻も早く質問から解放されたいというのが本音だと思うのですが、やはり慌てて答えるよりも、一定の整理をしてから答える方が、結局は漏れや再質問を防ぐことにもつながりますから、有益だと思います。

そこで、具体的な答える内容の組み立て方法ですが、いくつかのパターンがあります。もちろん、何を聞かれているかによって、答える内容は異なるわけですが、例えば住民説明会などでは次のようなものがあります。

例えば、行政の姿勢・考え方を問うような場合は、①当該分野の現状・問題点、②今後のあるべき姿・理想像、③現状と理想を埋めるための方策、行政の姿勢・考え方、のような形があります。

　また、行政は○○をすべきのような提案型の質問では、①当該分野の現状・問題点、②提案内容のメリット・デメリット、③今後の行政の方向性、が考えられます。さらに、まず結論を述べた上で、その理由や今後の方向性を展望するなどの答え方もあります。この組み立てを考えるにあたっては、やはり物事の因果関係、客観的データなど論理的であることが重要だと思います。

　ちなみに、こうした答える内容の組み立てにあたっては、ディベートの手法・考え方が役に立つと思われます。

　第3に、実際の答え方は、3段階で考える。

　①相手の質問内容の復唱・確認です。「○○さんから3点についてご質問がありました。1点目は、○○について行政はどのように考えているのか、ということです。これについては……」と、まず相手の質問を整理してしまうのです。これで、答え漏れなどを防ぐことができます。

　次に②各質問項目について、先の組み立てに基づき、1点ずつ回答していくのです。そして最後に、③締めの言葉で「○○については、以上です」とか質問内容を総括して、「行政としては、今後も△△については全力で取り組んでまいりますので、ご理解・ご協力をよろしくお願いします」などと結びます。単に質問に答えるよりも、丁寧な印象を受けます。

また、実際の答える場面では、いくつか注意すべき点もあります。

例えば、**相手の目を見て話すこと。**質問した人を見ないで、メモばかり見て答えるのはやはり失礼と思われます。また、**場の空気を読むこと。**説明会が長時間にわたり、参加者も飽き飽きしているようであれば、簡潔・明瞭に答弁するとか、質問者が非常にこだわりを持っているようであれば、少し詳しく説明するだとか、周囲や相手に応じて答える必要があります。場合によっては、質問者によって、回答の方法や内容も異なるということも当然あることです。

以上、質問にどのように答えるかということついていくつか考えてみました。実際には経験してみないと、なかなか上手くならないものですが、自分なりのパターンを確立しておくことが大事だと思います。

正解③

18 上司とうまく付き合う方法は？

設例

うちの係長はたいへん癖のある人で、困っています。私が作成した資料を渡すと、大して内容も確認しないで、そのまま課長に渡してしまうんです。

そこで、「係長、この資料は何だ！　数字が違っているし、誤字もあるじゃないか」と怒られるんです。そうすると、「いや、担当の○○が作成した資料で・・・」と私を悪者にするんです。

もう、つきあいきれないという感じです。今後、どうすれば良いのでしょうか。

あなたなら、どうしますか？

① 上司を変えることはできないから、係長の異動まで我慢する。

② 抗議の意味を込めて、しばらく係長を無視する。

③ どうすれば係長が係長の役目を果たすことができるようになるか、その方法について検討する。

解答

解説　上司にしてもらうことは何かを明確に

上司とどのようにつきあうかは、役所に入ってから退職するまでの間、避けることのできないテーマです。

新人職員であれば、職場の先輩や係長などが中心となり、課長とはあまり話す機会はないという人もいるかもしれません。係長になれば、自分の直属の課長はもちろんのこと、必要に応じて部長とも会議することもあるかもしれません。そして課長ですと、部長はもちろんのこと副市長や市長など、首脳部とも頻繁に話すこととなります。結局は、退職まで上司という存在から逃れることはできないのです。

皆さんも十分におわかりだと思うのですが、上司といえども人間ですから、自分と馬が合う人もいれば、「こいつだけは許せない！」という人まで様々です。ですが、どんなに嘆いたところで、上司を変えるというのは無理なことですから、いかに上手に付き合うかということを考えた方が懸命のような気がします。

反対に、自分にとって良い上司にめぐり合えたならば、そのことは感謝すべきことだと思います。上司に限らないのですが、多くの人がいる中で長く付き合える人とのめぐり合いは、大事なご縁として自分の人生の宝物にしておきたいものです。

ここでは、両極端の上司ではなく、一般的に上司とどのようにつきあったら良いか、ということを考えてみたいと思います。

第1に、自分の仕事を遂行する上で、上司に何をしてもらう必要があるのか、分析してみることです。

例えば、ある住民説明会を開催することになったとします。これを逆算して考えると、その住民説明会の内容や当日の次第について上司の了解をもらう必要があります。また、場合によっては、上司に役所の代表として挨拶してもらったり、事前に町会や議員の所に行って説明してもらったりする必要があるかもしれません。

そのように、上司にしてもらうことを明確にした上で、その内容について上司に説明するとともに、納得してもらう必要があります。もしかしたら、上司は「そのやり方には○○という問題があるから、△△という方法で実施すべきだ」のように意見を言うかもしれません。それはそれで議論して決定すれば良いことです。大事なことは、上司にどういう役割を果たしてもらう必要があるのか、その内容を明確にしてあげることです。上司の人間性がどうということではなく、上司の役割分担を提示してあげるのです。

お互い組織人の一人なのですから、まずは各人がその役割を果たせるようにすることが大事になります。あくまで、仕事本位で上司との関係を考えるのです。

第2に、そうは言っても、上司も人間ですから、好き嫌いや性格がありますので、それに応じた態度を取ることです。**部下である私たちにとっては、上司の性格がどうであれ、自分の仕事が完遂できるように、上司が上司の役割を果たしてくれれば良いのです。**組織の中では、各人がポストに応じた役割を果たせないと、仕事が滞り、問題が発生してしまうのです。ですから、上司への個人的な好き嫌いはひとまず横において、自分の仕事が滞りなく進むように、場合によっては上司に合わせて演じることも必要になります。

部下である私たちは、立場的にも上司よりも弱いのですから、上司に楯突いてもあまり良いことはありません。それよりも、上司が上司の役割を果たしてくれるよう、こちらが配慮するのです。例えば、一般的なこととして、わかりやすく説明する、見やすい資料をつくる、のようなものもありますが、いつも朝一番は機嫌の悪い上司には午後に説明するだとか、上司の興味ある話に結び付けて話しをするだとか、性格や個性に応じた態度ということも部下として身に付けておくべき知恵かもしれません。

第3に、結局、上司に限らず、**仕事で会う人たちは何かのご縁だったと思うと、対人関係に一喜一憂することがなくなると思います。**良い上司にめぐり合えばうれしいし、嫌な上司がくれば「やってられない！」と思うものです。しかし、どちらにしても永遠に続くものではありません。

確かに変な上司だと、仕事は滞る、要らぬ波風が立つ、など本当に迷惑なものです。ですが、そんな上司にいちいち怒ってばかりいては、こちらが疲れてしまうだけです。

良い上司にしろ、悪い上司にしろ、「これも何かの縁だ」と達観し、一喜一憂しない態度が大事な気がします。とは言っても、なかなかできませんが……。

正解③

4 組織とのうまい関わり術

19 人事異動で一喜一憂してませんか？

設例

役所に入って3年目。今回、初めての人事異動がありました。今は事業課にいるので、今度は人事や財政などの、いわゆる官房系と呼ばれる職場を希望したんです。しかし、今日の内示では、希望もしていなかった出先事業所なんです。

課長に「なぜですか！」と詰め寄ったんですが、「人事にも希望は伝えておいたんだが……」と要領を得ません。何かやる気がそがれます。

あなたなら、どうしますか？

① 人事異動は課長の実力によって決まるから、無能な課長だと見切る。

② 内示はあくまで内示なので、希望の部署以外の異動を断る。

③ 人事異動は全員が希望の部署へ異動できるわけではないので、新しい部署でがんばるように気持ちを切り替える。

解答

解説　過度の期待は抱かないように

人事異動は、誰にも避けられないもので、多くの人が不満を持っているものです。人事担当は「ひとごと」として異動表を作成し、異動対象者の多くは「人事は何もわかっていない」と文句を言わずにはいられないものです。初めての人事異動は希望と不安に満ちているものですが、何回も経験すると、「こんなもんか」と次第にあきらめの境地に至り、過度の期待は抱かないようになるものです。

それでも、職員にとってはその後の数年をその職場で過ごすのですから、大きな関心があるのは言うまでもありません。この人事異動について、いくつか考えてみたいと思います。

第1に、多少の不満があろうとも、示された異動先に黙って従うこと。

人事異動に対しては誰しも希望を持ちますし、今多くの自治体では、希望部署を自己申告書などに記載するようになっています。しかし、誰もが満足する人事異動はあり得ず、誰かが割を食うものです。

私も役所に入って20年近くになり、7回ほど職場を異動しましたが、1回も希望した部署に行ったことはありません。制度としては、第3希望まで自己申告書に記載することになっていますが、1度としてかすったこともありません。まだ若い頃は、それこそ異動に夢も持っていましたが、回数を重ねる度に、あきらめの気持ちが強くなっていきました。それどころか、異動年限に満たないで他団体へ派遣させられたり、職場在籍7・5ヶ月で病気になった職員の後釜に異動したりと、結構不遇な目に遭ってきました（愚痴です）。

異動先に不満を言ったところで、異動先が変更することはまずあり得ませんし、仮に変更した場合には、それにより影響を受ける人もいるわけです。それよりも、黙って従い、異動先で成果を挙げることによって、自分の評価を高めた方が、将来的にもプラスになります。

よく「課長は私を正当に評価していない」とか「人事はわかっていない」という人がいますが、人気のあるポストは決まっていて、しかも限られています。それに、だいたい上司も人事担当者もこちらが思う程、細かなことまで考えていないものです。

第2に、たとえ年度途中のような、突発な異動にも対応できるよう、常日頃から準備をしておくことです。

新しい職場に行くと、前任者が書類を整理しておらず、「関係書類はこの山にあります」と平気で言う場合があります。また、引継書も不十分で引継内容が不明確な場合もあります。このように、職員が仕事を個人的に抱えてしまい、整理が不十分であるということは、担当者の中で仕事の内容が整理されていないのです。ビジネス用語で言えば、仕事の「標準化」、「見える化」ができていないということになります。仕事が一般化されておらず、他人への代替性が低い状態となっているのです。

やはり、仕事は多少個人的に抱え込むことがあったとしても、他の人にいつ引き継いでも良いように、常に整理しておくことが必要です。これは、担当者が急病になったり、急な人事異動があった場合にも有効ですが、そもそも仕事に対する姿勢として、仕事を整理し、常に他人へ説明して引き渡せる状態にしておくことが重要と思われます。

第3に、どこに異動しても、行った先で楽しむという姿勢で臨むこと。

100％満足する職場なんていうのは、当然のことながらありません。良いところもあれば、悪いところもありますし、人によって何が良くて何が悪いかは違うものです。加えて、異動先の職務内容だけでなく、職場の人間関係というものが職場生活の中で大きなウエイトを占めます。「仕事は大変だったけど、職場の人間関係に恵まれたので、○○課に行って良かった」、「希望した△△課だったけど、係長がひどい人で、希望しなければ良かった」などというのは、どこでもいつでも聞かれるセリフです。

このように考えると、異動先に一喜一憂するのでなく、どこに行っても「楽しもう」、「自分が面白いと思えるものを見つけよう」と考える方が、生産的であり積極的のような気がします。

既に起こった事実については変更できませんが、それに対してどのような感情を選択するかは自分自身にかかっているのですから、前向きな気持ちを引き出すように考えていくようにしたいものです。

正解③

20

昇任について考えてみたことありますか？

設例

今日、係長試験の申込期限だったんです。同じ係の先輩が、その対象だったんですが、「今、係長になったって苦労ばっかりで、全然おいしくないよ」と言って申し込まないんです。確かに、今はなかなか係長や管理職になろうという職員が少ないらしく、さかんに受験するように通知が来ます。新人の私には、まだ先のことなんですが、昇任しない方が楽なんでしょうか。

あなたなら、どうしますか？

①　今は昇任してもあまり給料も増えず、心の病になる人も増えているから、昇任しない方が良い。

②　昇任するかしないかは、結局自分次第だが、前もってどこまで昇任したいかを考えておく方が良い。

③　昇任など考えず、黙って自分の仕事をしていれば良い。

解答

解説　早めに考えておくことも無駄ではない

役所に入ったばかりの新人職員に対して、早々と主任試験だ、係長試験だ、管理職試験だ、というのは早すぎる気もしますが、いずれは考える時期がくるのですから、昇任について早めに考えておくことも無駄ではないと思います。

昇任制度は自治体により異なりますので、一概には言えません。東京の特別区においては、大卒程度で入庁してから5年目で受験できる主任試験、主任5年目で受験できる係長試験、主任6年目で受験できる管理職試験の任用制度があります。一番若い年齢ですと、主任が28歳、係長が34歳、課長は38歳となります。主任は中堅職員、係長は監督職となります。最近は、団塊世代の大量退職に伴い、若い管理職も増えています。

特別区においては、択一や論文などの筆記試験、面接試験などがあり、公平性が確保されていますが、もちろん勤務実績（評定）も大きく影響しています。民間企業の場合は、こうした試験が一般的なのかどうかはわかりませんが、やはり、上司からの評価が大きな要素なのではないでしょうか。方法は何であれ、昇任するということについて、少し考察してみたいと思います。

第1に、自分はどこまで昇任するか（したいか）は、よく考えて決めておくべきだと思います。

中堅職員であれば、仕事上の責任ということもあまり重くありませんが、係長や課長になると責任も大きくなってきます。単に、出世したい、人から偉いと思われたい、給料がたくさんほしい、では長い職業生活を歩んでいくことは困難となります。

みなさんの周囲にもいると思うのですが、一般職員だった時代には非常に優秀だった人が、係長や課長になって部下を持つと、部下からの突き上げと上からの指示との間で苦慮することがあり、以前のような輝きを持って仕事ができていないケースがあります。もちろん、係長や課長になるとやりがいも大きく仕事の喜びというものを一般職員以上に感じられるということもありますが、責任が重い分、そのプレッシャーに押しつぶされてしまうこともあります。

自分は係長（課長）になって何がしたいのかが明確でないと、今後訪れる様々なプレッシャーに打ち克つことが難しくなります。

逆に、そのような信念を持っているからこそ、様々な困難にも立ち向かっていけるのです。昇任試験を受けるまで時間的に余裕がある場合には、そのことについて自分なりによく考えを整理しておく必要があります。もちろん、「係長までいいや」と思っても、途中で「課長になりたい」と目標を上方修正することは可能ですが、昇任してからの下方修正は非常に困難です。

第2に、理想となる上司・先輩、または反面教師となる上司・先輩をよく分析することです。

これも昇任試験を受験するまでの時間的余裕のある間に、考えておくべきです。理想となる人は、自分がいずれそのポジションになった時に、どのような振舞いをするべきか、ということの模範となります。部下への接し方、係（課）内の仕事の進め方、議会答弁の仕方など、そのヒントとなる項目は探せばいくつもあるかと思います。また、アフターファイブにお酒でも飲みながら、自分の悩みなどを伝えると適切なアドバイスをしてくれると思います。上司や先輩も同じようなことに悩み、解決してきたのですから、いろいろとヒントを持っているものです。

反対に、反面教師は自分がその立場になった時に、何をしてはいけないかを教えてくれる貴重な存在です。一般職員時代に上司に向かってさんざん文句を言っていた人が、同じ立場になったら同じことをしているということが多々あります。その立場になってみないとわからないということもありますが、注意したいものです。

第3に、昇任することの意義について再考してほしい、ということです。

最近は責任の重さから、昇任試験を受験しない職員が増えているそうで、人事委員会などは管理職試験受験者の増加をねらって様々な工夫を行っているようです。昇任の意義は人それぞれ違うでしょうから、一概には言えないと思うのですが、個人的には昇任することによって、仕事のやりがいが増える（手応えが大きい）ということと、責任が重くなるが故に、人間的成長が図れるということにあると思います。

責任を持ちたくないから昇任しない、という気持ちもわからなくはありません。しかし、大して優秀でもない上司に偉そうに言われたりすると、正直頭にきますし、みんなが上を目指さない組織というのは、組織のあり方として正しいのかと疑問に感じるのですが、いかがでしょうか。

正解②

21 あなたは役所をどんな組織だと考えてますか？

設例

私たちの係は非常に仲の良い係です。係長、主査、主任、私の4人だけの小さい係なんですが、和気あいあいとしていてみんな仲が良いのです。しかし、この4月の人事異動で主任が転出することになり、代わりにすぐに正論を吐くことで有名な主任が来ることとなったんです。

これまでは、以心伝心みたいなところがあって、言わなくてもわかるみたいな感じだったんですが、これからは期待できません。どうしたら良いのでしょうか。

あなたなら、どうしますか？

①　あくまで仲良くやっている係なのだから、これまでのやり方に従ってもらう。

②　これを機会に各職員の目標・役割を再確認し、係の目標を達成できるようにする。

③　自分に与えられた仕事さえきちんとやれば良い。

解答

解説　役所という組織はもちろん機能体

私たち公務員は当たり前のことですが、組織に属して仕事をしています。どのようなポストにいようとも、組織人の1人ですから、組織のルールに沿って仕事をすることは言うまでもありません。この組織について少し考えてみたいと思います。

組織研究の名著に堺屋太一氏の『組織の盛衰　何が企業の命運を決めるのか』（PHP文庫）があります。この中で、組織は共同体（ゲマインシャフト）と機能体（ゲゼルシャフト）の2種類に区分され、次のように説明されています。**共同体は、家族、地域社会、あるいは趣味の会など、自然発生的なつながりで生まれ、構成員の満足追求を目的とした組織です。**その組織の発展拡大よりも、構成員が組織に属する目的を満たすことが重要とされています。

例えば、家族の場合、家族の数を増やすとか家族の財産を増やすなどはあくまで手段であり、真の目的は家族1人1人がいかに満足して幸せに暮らせるかが重要とされています。このため、共同体組織では組織の結束の「固さ」が重視され、「良い共同体」とは、構成員1人1人の満足を実現する結束の固い状況になっていることです。各構成員が自己満足を得られれば良いのであって、共同体は気の合った仲間、共同行為をして楽しいメンバーだけで構成され、本質的に排他性を持っています。

また、共同体は構成員の心地よさを追求することが究極の目的なので、機能は軽視されます。趣味的なスポーツクラブでは、技量の向上は重要ではないのです。ちなみに、理想の共同体の条件とは、組織の目的と構成員の目的が一致していること、構成員全部に安住感を与えること、内部評価（構成員同士での評価）が優先されることとされています。

これに対して、**機能体組織は、外的な目的を達成することを目的とした組織です。**組織内部の構成員の満足や親交は手段であり、本来の目的は利潤の追求や戦争での勝利、プロジェクトの完成など、組織外の目的を達成することにあります。このため、機能組織では「固さ」よりも「強さ」、つまり目的達成能力が重要となります。なお、機能組織は明確な外目的に応じて作られるので、自発的に生まれるよりも、他発的に作られることが多く、代表的な例が企業となります。

機能組織は、設立の目的を達成することが組織の目的でもあるため、内部の構成員の心地よさは軽視されます。目的達成機能の強化、つまり組織の「強さ」を実現するために、構成員に辛い思いを強いることもあります（軍隊において、勝利のために一部の構成員を死に追いやるような場合など）。

しかし、すべての機能体が与えられた目的達成に徹するとは限りません。

企業でも軍隊でも、組織が確立し構成員が定着すると、構成員の満足と私利を追うようになりやすく、これが「機能組織の共同体化」と言われる病理現象です。

この例として、戦前の日本の帝国陸海軍において、本来軍隊は国防組織であるに関わらず、専門教育を受けた高級将校が登場するに従って、職業軍人の共同体化がはじまった例が記されています。

帝国陸海軍は急速に閉鎖社会になり、機能強化よりも内部調整に重点を置くようになりました。つまり、組織の機能向上よりも、その組織に所属する専門家（職業軍人）の心地よさが重視されるようになり、結局は軍隊本来の機能、戦力が著しく低下してしまったとされています。

なお、理想の機能体は最少の負担で最大の効果をあげることにあります。そのために、機能組織は構成員の能力を最大限に発揮できる役割分担体制を採り、各構成員の提供する負担（自己犠牲）を、組織の目的達成に最も効果的に利用します。

また、機能組織では、組織のためにどれだけの功績を上げたかという外的表現に重点をおいた客観的評価による人事が大切で、いわゆる能力主義であり結果主義です。

以上、2種類の組織、共同体と機能体について説明をしました。役所という組織はもちろん機能体に属するのですが、ややもするとその事を忘れてしまい、心地よさを追い求めがちです。これまで公務員をめぐる様々な問題、例えば裏金や食糧費などの問題も、こうしたことから生まれてきたのかもしれません。

正解②

22 自分と組織の関わりをどう考えますか？

設例

先日の飲み会での出来事なんです。

係長が課長に「課長は○○部長派なんですよね。今度○○さんは、うちのトップである政策経営部長に就任したじゃないですか。これで課長も出世間違いないんですね」と言ったんです。そしたら、課長もまんざらではないようで、微笑んでいました。

出世のためには、やはり派閥に入ることも必要なんでしょうか。

あなたなら、どうしますか？

①　出世など考えず、住民のために働くのが公務員の使命である。
②　出世については、係長になってから考えれば良い。
③　やはり出世するためには、力ある人の派閥に属することが重要である。

解答

解説　役所の人間関係に「和して同ぜず」

公務員はどのように組織とつきあうべきなのか、ということを改めて考えてみたいと思います。

組織には、みんなが仲良くすることが第一義である共同体組織と、利潤の追求などの外発的な目的のために活動する機能体組織があるということに触れました。行政組織は、勿論のことながら、住民福祉の向上ということを目的としている機能体に属します。私たちは、住民の方から税金をいただき、その中で仕事をしています。

しかし、役所も含め、機能体組織の構成員が組織の目的を忘れてしまい、構成員の満足を目的化し始めると、不都合なことが生じてきます。本来は、住民のために一生懸命働こうと思って役所に入ったにも関わらず、だんだん役所の人間関係や「役所の論理」が働く上での基準になってしまう人は皆さんの周りにも見られるのでないでしょうか。このような「機能体の共同体化」は、先に例に挙げた戦前の帝国陸海軍もありますし、省益という言葉で代表される中央官庁の縄張り争いなどもマスコミで報道されているところです。また役所単体というだけでなく、役所の中の派閥のような、さらに細分化されたグループということが拠り所になっている場合もあろうかと思います。

ところで、このことは勿論のことながら、役所だけに限りません。企業などでも、そのような現象はよく見られますし、また役所よりも厳しい競争にさらされている企業の構成員には、役所以上にモラールアップのため、自分の属する団体への帰属意識が求められることも事実です。

以上のことを踏まえ、私たち公務員がどのように組織と接するべきなのか、ということをいくつか考えてみたいと思います。

第1に、やはり住民のために働いているということを肝に銘じておくことだと思います。

現在の若い人は特にそうかもしれませんが、他の人との衝突や対立を避けようとする傾向が強く、なかなか周囲に対して異議を述べたり、反論したりすることが少ない気がします。「周りがそう言っているからいいや」と付和雷同してしまうと、次第に自分で考え、判断するということがなくなってしまいます。

そのように自分の考えがなく、他に同調していることは、ある意味では楽な生き方かもしれませんが、やはり住民福祉の向上という目的に照らせば、間違った方向へと進んでしまう可能性が大きいように思われます。

また、自分の個性等を踏まえ、自分がこの組織の中で何を為すべきなのか、何ができるのかという視点を常に意識しておくことが重要だと思います。

第2に、役所の人間関係に「和して同ぜず」という姿勢を持つことだと思います。

「和して同ぜず」の意味はもうおわかりだと思いますが、人と協調していくが、決して無闇に同調しないということです。人と円滑な人間関係には心掛けますが、その場限りに無責任に賛成したりしないという意味です。ちなみに、この原文は「論語」の「君子は和すれども同ぜず、小人は同ずれども和せず」で、後段は「つまらぬ人間は、やたらに人の意見に賛成するが、真に共感しているのではなく表面だけを合わせているのであり、真の友好関係は生まれない」という意味です。

このことは、役所だからということではなく、人間関係全般に通じることかもしれません。「仲が良い」ということは、別に悪いということではありませんが、単に表面的に一緒にいるということではなく、お互いを高めあうことのできる関係だと思います。意見が異なれば、大いに議論し、言い合える関係を築くことが大事なように思います。

第3に、役所に依存しない姿勢だと思います。

別な言い方をすれば、役所組織の構成員であるという役割と限界を十分認識することだと思います。私たちは、給料をもらって生活をさせていただいており、生活の糧としています。しかしながら、役所に依存してしまう生き方、例えば休日に家庭にいることができず、仕事もないのに出勤する、とか、平日の5時以降も土日休日も役所の人間といつも一緒にいる、退職後の人生設計が描けない、など役所に依存した生き方になってしまうことは、既に問題があるように思えます。

役所は住民福祉向上のための組織体であり、自分はその組織目的のために働いた構成員の1人に過ぎません。その役割が終えたなら、潔く舞台から去っていかなければなりません。自分の役割と限界を把握していれば、役所に依存することが危険であることがわかると思います。

正解①

23
時間を上手に活用していますか？

設例

昔から私は要領が悪く、1つのことに熱中すると、他のことを忘れてしまいます。

先日もようやく軌道に乗ってきた仕事に没頭していたら、締切が迫っている資料作成をすっかり忘れてしまい、結局は夜遅くまで残業しなければならない羽目になりました。

本当は残業などせずに帰りたいのですが、どうすれば良いのでしょうか。

あなたなら、どうしますか？

① とにかく自分ができる仕事から片付けていく。
② やるべき事項、締切日、作業量を常に把握し、効率的に事務を行う。
③ 常に上司に何から作業すべきかを確認した上で、仕事を行う。

解答

解説　ワークライフバランス時代の時間の作り方

時間の作り方などというと、「小学生や中学生じゃあるまいし、何を今更！」とお叱りを受けそうですが、実際の職場を見ると、本当に上手に時間を活用している人はまだまだ少数のように思います。皆さんの周りにも次のような人がいませんか。

例えば、自分主体で仕事をする人。自分の感情のおもむくまま、気が向けば困難な仕事にも立ち向かうけど、気分が変わると放ってしまう。「与えられた仕事をいかに効率良くこなすか」ではなく、「自分がしたいように仕事をする」人。また、少し工夫すれば効率良く作業ができるのに、前例踏襲主義で日々の業務を見直すことなく、ただ惰性で働いている人。さらに、みんなで仲良くすることが第一で、個人や組織の成果は二の次の人、などなど。結構周囲にはいるものです。

少し大げさかもしれませんが、1日24時間しかなく、ただでさえ仕事に時間をとられているのが現実です。税金を有効に活用する意味からも、国民から信頼される公務員であるためにも、やはり最少の経費で最大の効果を挙げるように努めたいものです。まして、今やワーカーホリックやモーレツ社員の時代ではなく、ワークライフバランスが叫ばれている時代です。時間をいかに上手に活用するかは、幸せに働くための重要な視点です。そこで、時間について考えてみたいと思います。

第1には、やらなければならない業務（課題）と自分の持てる時間を洗い出すということです。

自分がやらなければならない内容をリストアップし、それに充当できる時間がどのくらいあるのか、という視点を持つことが重要となります。テレビゲームではありませんが、ゲームの目的を確認し、その目的を達成するためにはどのくらいの時間を要するのかを把握しなければ、始まりません。まずは、マクロ的視点です。

その全体像が把握できれば、それぞれの課題別に充当できる時間を割り当てていくことになります。言い換えれば、課長から指示された資料作成は今日の午前中2時間で仕上げよう、訪問しなくてはいけない○○と△△は距離的に近いので、一緒に行ってしまおう、文書の整理は明日少し早く来てやってしまおう、などミクロの視点で考えていくのです。このように戦略的な視点を持つだけで、単に惰性や自分の気分次第の仕事のやり方から、非常に効率的なものに変化していきます。

第2に、徹底的にムダを失くそうとする姿勢です。

例えば、個人レベルで言えば、日中はコピー機が込むから大量のコピーは朝少し早く来てやったり、昼休みにやってしまう（時間の有効活用）。資料を探す時間を最少にするため、すぐに書類が取り出せるように、机の上やキャビネットは整理整頓する（整理術）。判断を要するものの中で、簡単なものはその場ですぐに行い、後回しにしない、また回覧物はすぐに見て机の上にためない（即断即決主義）。

また、組織レベルならば、例えばいつも同じような問題が生じ、その解決策についていつも時間をかけてしまうのであれば、問題を分析し、その解決方法をフローチャート化するなどシステム化して職場全体で共有する（システム化）。日々の業務についてその目的と手順を見直し、余分な工程はないか、徹底した見直しを行う（事務改善）。特定の個人が仕事を抱えることなく、権限と責任に応じ広く仕事を分配・共有化し、組織全体の活性化を図る（仕事分配による組織の活性化）。

この他にも、これまで触れてきた段取りや根回しといったことも、ムダを失くすための技術と言えましょう。

第3に、生まれた余剰時間は、大いに自分のために使うことです。

仕事は最少の経費で最大の効果を挙げるように努力したら、その見返りとして生まれた時間は自分の好きなことに使うのです。自分のために贅沢に時間を使うのです。

それにより、十分なリフレッシュができ、新たにやる気も沸いてきて、また仕事をがんばろうという気持ちにつながるものです。また、十分なリフレッシュは新たなアイデアを生み出し、自分なりの工夫を仕事に生かそうという楽しみにもつながってきます。いずれにしても、仕事への意欲という意味では好循環に働きます。

正解②

5　こころの上手な操縦術

24

ストレスを減らす方法を知っていますか？

設例

うちの職場は、残業が多いことで有名な職場なんです。みんな帰るのは、早くても7時過ぎで、9時頃まで残るのが普通になっています。私も最初の頃はがんばっていたんですが、最近だんだん疲れてきて……。仕事にも集中できなくなってしまっているんです。だけど、みんなが残っているんで、帰るに帰れなくて……。最近は、役所を辞めることも考えるようになってきました。

あなたなら、どうしますか？

①周囲が残業しているのだから、自分1人休むことは許されない。

②無理して残業して倒れてしまっては本末転倒だから、思い切って休む。

③上司に異動を申し出る。

解答

解説　自分操作の方法を知ること

ストレスとどのように向き合うか、ということは仕事をする上で非常に重要な視点です。特に、今は「心の病」にかかる職員が非常に多くおり、どこの役所でも大きな問題となっています。係長に昇任した職員が部下の指導がきちんとできなくて、登庁しなくなった。仕事を抱えすぎて、いきなり病気休暇になった、など本当に多くのケースがあります。

では、ストレスが全くない状態が一番良いのかと言えば、そうではありません。例えば、自分にとっては少し困難な仕事を与えられ、それをやりぬくことができれば、自分の自信につながり、人間的な成長を図ることができます。

しかし、自分の能力を大幅に超えるような無理難題を押し付けられ、にっちもさっちも行かなくなってしまい、上司から毎日怒鳴られるようであれば、それは大きなストレスになり、病んでしまうことも考えられます。ですから、ストレスは良い方にも悪い方にも結びつくこととなりますので、ストレスそのものが悪いというわけではありません。

では、ストレスについて、どのように考えたら良いのでしょうか。

第1に、自分を悩ませるストレスは意識的に捨てる、余計なものを持たないということです。

これは、自分を悩ます様々なものを極力持たないということです。自分を悩ます様々なものとは、いろいろな事態が想定できると思います。来週の会議の進行や、資料作成、プライベートでも、飲み会の場所の設定や家計のやりくりなど、数えればいくつでも出てきそうです。

しかし、それらの中で、今すぐに解決しなければならないという緊急的なものはほとんどありません。つまり、確かに解決すべき問題がたくさんあっても、今すぐ判断すべきものはない、というのが正確な表現かもしれません。苦労性、生真面目な人、または自分が忙しい状態でないと落ち着かない人（人に「忙しいね、大変だね」と思われたい人？）は、緊急性がないのにも関わらず、そうした問題をわざわざ取り上げて、自分で自分を悩ましているのです。これは、自分で自分を大変な状況に追いやっているのではないでしょうか。

緊急性がないのなら、放ってしまっても構わない内容なのです。なるべく身軽でいた方が気持ちの上でも楽ですし、さらにそうした安定した状態の方が、忙しくて視野が狭まっている状態の時よりも正確な判断ができます。

第2に、脱完璧主義でいこう、ということです。

「完全にこれをやらなければならない」、「○○さんの期待に十分応えなければならない」、など完全・完璧を目標としないことです。真面目な人ほど無意識のうちに、そうした目標を設定してしまいがちですが、これでは自分で自分を追いつめているだけです。

完全に達成できなくても、少しでも前進していればそれを良しと考えてしまうのです。課題への対応が「完全にできた」か「できない」かの二者択一ではなく、一歩でも前進していればそれで自分としては納得することが必要です。「完全ではないけれど、前よりは良くなったのだからそれでいい」と開き直って、自分で自分を納得させるのです。そうすると、0か100かの単純な思考ではなく、50という選択肢を取るのです。例えば与えられた課題があまりに大きい場合、すべてに応えることはできません。それならば「最低限ここまではやり抜こう」と自分で目標を下げてしまえば、気がずっと楽になります。場合によっては、昨日はここまでできた、今日はここまで進んだと、やっているうちに完全にできてしまうかもしれません。

第3に、「どうしたら自分が楽になるか」という視点を持つということです。

これは、自分さえ良ければ良いというような、単純な利己主義ではありません。皆さんも経験があると思うのですが、強いストレスを受けていたり、他人に気を遣ってびくびくしていたら、とても自分の能力・個性を発揮することなどできません。自分という人間を活かしきるためには、常に自分が動けるような状態にキープしておくことが重要になります。そのためには、「どうしたら自分が楽になるか」という視点は非常に重要な視点になるのです。

ですから、仕事が立て込んできて「少し疲れてきたかな」と感じたら、周囲が残業しても、思い切って定時に退庁して翌日に備えるとか、「今日はここまで仕上げたら好きなケーキを買って帰る」などの、「自分が楽になる」選択をするのです。自分が常に良い状態を保つことができるよう、自分の操作方法を知っておくこともストレスを減らすためには、重要な視点になります。

正解②

25

ストレスにどれだけ耐えられるか？

設例

今日、係長に言われた何気ない言葉にとても傷つきました。住民に送る郵便物の仕分け作業をしていたんですが、間違ってある人に同じ通知文を2通入れてしまったんです。最後に全員で見直したら1通不足していることがわかって、自分がミスしたことが判明したんです。そしたら、係長が「おい、ここに困ったちゃんが、1人いるぞ！」って。多分冗談のつもりだったんでしょうが、みんなにも迷惑をかけたこともあって、すごく傷つきました。明日から職場に行きたくありません。

あなたなら、どうしますか?

①ミスをしたのは事実だから、ミスした人間が悪い。

②単純なミスにも関わらず、そのように発言する係長が悪い。

③係長に悪気はなかったのだから、と良い方に解釈して落ち込まない。

解答

解説　メンタルタフネスを養う

メンタルタフネスとは、ストレスにどれだけ耐えられるか、というストレス耐性を言います。我々の周りには多くのストレスがあり、そのストレスに押しつぶされ、病気になってしまう人も多くいます。

例えば、上司からの叱責であっても、ある職員は受け止めることできても、別な職員は大きなストレスになってしまい、辞めてしまうというようなこともあるのです。我々職員がどれだけストレスに耐えられるのかは、非常に重要なポイントになっていますが、このメンタル面での強さは学習して、身に付けることができるとされています。これは「ABC理論」または「論理療法」と呼ばれる考え方です。

我々がストレスに感じてしまったり、不快に感じるまでの流れを次のように分析することができます。例えば、上司に怒られたとします（事実）。その後、私たちは「確かにそうだ、私がミスして申し訳なかった」とか「違う、私は悪くない、上司は私のことが嫌いなんだな」と考えます（思考）。そうすると、その思考に伴い「あの課長は最低だ、嫌な奴だ！」などの思いが生まれます（感情）。そして、最後にそれに伴って、「もう課長は無視してやる」などの動きにでます（行為）。この「事実→思考→感情→行為」が一連の流れとなり、ストレスを生み出したりするのです。そこで、次のような方法によって、ストレスを減らす、メンタルタフネスを養うのです。

第1に、事実がすぐ感情に結びつかないよう、物事に対して一歩引いて見ることを習慣づけます。

すぐにかっかするような瞬間湯沸かし器では、とても感情の選択をすることはできません。「事実は事実。怒ろうが、泣き叫ぼうが、事実を変えることはできない」と割り切って、自分自身を納得させておく必要があるかと思います。

このことは頭でわかっていても、実際に身に着けるには大変かと思うかもしれませんが、こう考えてみてはどうでしょうか。つまり、「自分にとって得になる感情を選択しよう。事実は変更できないけれど、その後の自分にとって得な（良い）行動を取れるか、または損な（悪い）行動を選択するかは、自分自身が決める。だから、自分にとって得になるように考えよう」と、事実を見直すのです。

もちろん、本当に頭にきて、どうしようもない時もあります。そんな時は、思い切り気の済むまで感情を爆発させた方がかえって良いかもしれません。変に自分の感情を押し殺しても、心にストレスを溜め込んでしまっては逆効果です。先のように、多少いらっと思っても物事に対して一歩引いて見るにしても、どうしても怒ってしまう場合であっても、自分自身が１００％それに納得しているということが前提です。心にしこりを残していては、かえってストレスを溜め込んでしまうことになってしまいます。

第2に、起こってしまった事実を多面的に解釈することです。

例えば、上司がガミガミと自分に注意してきた場合、それを「あの上司は私を嫌っているんだな」と取るか「自分を指導してくれているんだな」と考えるかでは、その後の感情・行動に大きな違いが出てきます。「上司が私に注意している→私のことが嫌い」とすぐに決め付けないで、多面的に解釈してみるのです。

そもそも考えてみれば、１つの事実の後ろにはいくつもの思いがあります。上司が注意するのも、何回も同じ間違いを起こす自分に頭にきているかもしれません。だからといって、あなたを嫌っているという段階まではいかないかもしれません。また、上司にとっても部下を使いこなすということも重要な管理能力ですから、ただ単に怒っていれば良いというものではありません。上司も頭にきつつも、もういい加減こうした間違いはなくしてほしいと思う気持ちもあるかもしれません。だから、あなたがすぐに「あの上司は私を嫌っているんだな」と考えるのは実は正しくないのかもしれません。物事を多面的に解釈することは結構真実に近いことがあるのです。

第3に、多少の勘違いがあるにせよ、自分にとって得になる感情を選択してしまうことです。

つまり、自分の都合の良いように解釈してしまうのです。上司が怒ったという事実も、多少は自分を嫌っていると思われる節もあるかもしれませんが、そう考えて落ち込むよりも、「いやいや、上司は私のことを思って親切に指導してくれているんだ」と解釈して、自分自身を納得させてしまうのです。良い方にも悪い方にも解釈できるなら、良い方に解釈して、良い感情と行動が生まれるようにしてしまうのです。多少の勘違いはあるかもしれませんが。

そうした解釈は言葉にして口にする、人に話すとより強まっていきます。同僚に「○○部長はすごい剣幕だったけど、本当は私のことを思ってああ言ってくれたんだ」と言い切ってしまうのです。それで、自分をその流れに乗せてしまうのです。

このように少し考え方を変えるだけで、ストレスに強くなり、結果としてメンタル面を強化することができます。

正解③

自治体職員・仕事の作法
～新人職員が身につけたい25の技術～

2011年2月10日　第1版第1刷発行
著　者　自治体人材育成研究会
発行者　武内　英晴
発行所　株式会社 公人の友社
〒112-0002 東京都文京区小石川5-26-8
電話　03-3811-5701　FAX 03-3811-5795
メールアドレス　koujin@alpha.ocn.ne.jp
印刷所　倉敷印刷株式会社